Alfons Huber, Alfons Huber

Studien über die Geschichte Ungarns im Zeitalter der Arpaden

Alfons Huber, Alfons Huber

Studien über die Geschichte Ungarns im Zeitalter der Arpaden

ISBN/EAN: 9783743491311

Hergestellt in Europa, USA, Kanada, Australien, Japan

Cover: Foto ©ninafisch / pixelio.de

Manufactured and distributed by brebook publishing software (www.brebook.com)

Alfons Huber, Alfons Huber

Studien über die Geschichte Ungarns im Zeitalter der Arpaden

STUDIEN

ÜBER DIE

GESCHICHTE UNGARNS

IM ZEITALTER DER ARPADEN.

VON

ALFONS HUBER.

WIEN, 1883.

IN COMMISSION BEI CARL GEROLD'S SOHN
BUCHHÄNDLER DER KAIS. AKADEMIE DER WISSENSCHAFTEN.

Druck von Adolf Holzhausen,
k. k. Hof- und Universitäts-Buchdrucker in Wien.

Die folgenden Studien beschäftigen sich mit einer Reihe von Ereignissen aus der inneren Geschichte Ungarns im dreizehnten Jahrhundert, welche insofern einen gemeinsamen Charakter tragen, als ihr Gegenstand alle Kämpfe der verschiedenen Glieder des königlichen Hauses unter einander oder die Aufstände der unbotmässigen Magnaten gegen den Träger der königlichen Gewalt sind. Die Eigenthümlichkeit der Quellen hat es verschuldet, dass diese Ereignisse von den neueren Forschern noch nicht genügend untersucht, theilweise auch noch wenig berücksichtigt worden sind, so dass der Verlauf, die Zeit und der innere Zusammenhang derselben in den verschiedenen Geschichtswerken verschieden und, ich darf wohl sagen, kaum richtig dargestellt worden sind. Ungarn hatte im dreizehnten Jahrhunderte nur einen Chronisten, der die Geschichte eines grösseren Zeitraumes darstellt, nämlich Keza, und dieser behandelt gerade die Periode, wo er als Zeitgenosse schrieb, ausserordentlich kurz und schlüpft namentlich über alle unangenehmen Vorfälle im Innern des Reiches stillschweigend hinweg. Auch die ungarischen Chronisten des vierzehnten und fünfzehnten Jahrhunderts bringen über das letzte Jahrhundert der Arpaden nur vereinzelte Notizen. Dasselbe ist der Natur der Sache nach auch bei den deutschen, besonders österreichischen Annalisten der Fall, welche zudem, obwohl sie als Zeitgenossen meist durch Verlässlichkeit, besonders in der Chronologie sich auszeichnen, noch nicht genügend berücksichtigt worden sind. Unsere wichtigste Quelle sind Urkunden, da die ungarische Reichskanzlei die gute Gewohnheit hatte, bei Belohnungen des Königs für seine Getreuen die Dienste, welche dieselben geleistet, einzeln anzuführen. Gerade eine sorgfältige Ausbeutung der zahlreichen Urkunden, von welchen übrigens viele erst in den letzten Decennien veröffentlicht worden sind, führt oft zu den wichtigsten Ergebnissen.

I.

Die Kämpfe des Königs Emerich mit seinem Bruder Andreas.

Es gibt kaum ein Reich in Europa, welches so häufig durch Kämpfe zwischen den Mitgliedern des regierenden Hauses zerfleischt worden ist, wie Ungarn im Zeitalter der Arpaden. Dem Nachfolger Stefans des Heiligen, Peter dem Venetianer, stellt sich sein Vetter Andreas, diesem sein Bruder Bela, dem Sohne des Andreas, Salomo, Belas Sohn Geisa, Geisas Sohne Coloman sein Bruder Almus, des Almus Sohne Bela II. und des Letzteren Sohne Geisa II. Colomans für illegitim erklärter Sprössling Borics, Geisa II. und seinem Sohne Stefan II. Geisas Bruder Stefan (IV.), Stefans III. Bruder und Nachfolger Bela III. ein anderer Bruder Geisa, Belas III. Sohne Emerich sein Bruder Andreas feindlich gegenüber. Mehr als anderthalb Jahrhunderte sind zu einem grossen Theile von Kriegen erfüllt, welche darin wurzeln, dass verschiedene Arpaden sich den Thron streitig machen. Die Kämpfe zwischen dem Könige Emerich und seinem Bruder Andreas verdienen eine genauere Untersuchung, weil trotz des Vorhandenseins verhältnissmässig reichhaltiger Quellen doch der Verlauf der Begebenheiten im Einzelnen vielfach zweifelhaft und bisher von verschiedenen Historikern oft abweichend dargestellt worden ist.

Bela III., der im April 1196 [1] vom Tode hinweggerafft wurde, hinterliess bei seinem Tode seinem älteren Sohne Emerich das Reich, seinem zweiten, Andreas, aber ausgedehnte Güter, mehrere Burgen und eine grosse Summe Geldes, um

---

[1] Das Jahr 1196 ist sichergestellt durch die gleichzeitigen österreichischen Annalen in Mon. Germ. SS. 9, Cont. Cremif. p. 549, Cont. Admunt. p. 587, Cont. Claustroneob. II, p. 620 und durch Chron. Alberici mon. M. G. SS. 23, 873. Die ungarische Chronik Marci Chron. ed. Toldy p. 98 = Thwrocz ap. Schwandtner I, 147 = Chron. Budense ed. Podhradczky p. 189 gibt, übrigens im Widerspruche mit der angegebenen Regierungsdauer von 23 Jahren, 1190, und zwar nono kal. maii feria tercia, welcher Wochentag 1196 zum 23. April stimmt. Cont. Cremif. sagt: in pasca (21. April), Albericus: in Cena domini (19. April).

den Kreuzzug, den er selbst einst gelobt hatte, auszuführen.[1] Allein der ehrgeizige Jüngling strebte nach Höherem. Unter dem Vorwande der Kreuzfahrt und mit den ihm zu diesem Zwecke zur Verfügung gestellten Mitteln sammelte er ein Heer und griff damit, zugleich vom Herzoge Leopold von Oesterreich unterstützt, schon im Jahre 1197 seinen Bruder an.[2] Andreas war im Kriege siegreich,[3] und der König scheint ihm nun unter dem Titel eines Herzogs und unter seiner Oberhoheit Croatien, Dalmatien und Rama (den Nordwesten der Herzegowina) abgetreten zu haben, wozu Andreas noch das serbische Gebiet von Chulm oder Chlum (die Herzegowina südlich von der Narenta) eroberte. Schon am 31. März 1198 urkundet er, von einem zahlreichen Hofstaate umgeben, als ‚von Gottes Gnaden Herzog von Zara und ganz Dalmatien und Croatien und Chulm'.[4]

Die Päpste Cölestin III. und noch mehr Innocenz III., dem besonders an der Zustandebringung eines Kreuzzuges lag, nahmen sich des Königs Emerich kräftig an. Schon Cölestin hatte bei Strafe des Bannes verboten, dem Andreas gegen seinen Bruder Rath oder Beistand zu leisten.[5] Innocenz III. ermahnte am 29. Januar 1198 den Andreas, bis zum 14. September den gelobten Kreuzzug anzutreten, widrigenfalls er dem Banne verfallen und zu Gunsten seines jüngeren Bruders seines

---

[1] Ann. Colon. maximi ad 1199 (M. G. SS. 17, 808 f.) in dieser Partie besser in der Ausgabe von Waitz, Chronica regia Coloniensis p. 168. Vgl. das Schreiben des Papstes Innocenz III. vom 29. Jänner 1198 ap. Potthast, Regesta Pontif. nr. 4 (den ich hier wie im Folgenden statt der zahlreichen Einzeldrucke der Kürze wegen citire).

[2] Schreiben Papst Innocenz III. vom 29. Jänner 1198 und Chronica regia l. c., welche aber den Andreas zuerst sein Geld vergeuden und dann, um das gewohnte Leben fortsetzen zu können, nach der Krone streben lässt. Dass die Erhebung schon 1197 erfolgte, beweist ausser dem erwähnten Schreiben eine Urkunde K. Emerichs aus diesem Jahre, ap. Fejér II, 308, worin er einen iobbaggo de castro Posony für seine Treue belohnt, und die Cont. Admunt. p. 588 ad 1197.

[3] Chronica regia Colon. l. c.

[4] Fejér VII, 5, 139. In Urkunden von demselben Jahre (ohne Tagesdatum) ap. Fejér II, 318, 320, dei gratia Dalmatiae, Croatiae, Ramae Culmaeque dux. Ich halte eine Abtretung dieser Gebiete durch Emerich für wahrscheinlicher als eine Eroberung durch Andreas.

[5] Nach dem unten angeführten Schreiben des Papstes Innocenz an den Abt von St. Martinsberg und Potthast nr. 508.

eventuellen Rechtes auf den ungarischen Thron verlustig erklärt werden würde.[1] Einen der hervorragendsten Anhänger des Andreas, den Abt von St. Martinsberg, lud er bei Strafe des Bannes bis zum 14. September zur Verantwortung nach Rom. Am 15. Juni 1198 verbot er dem Herzoge Andreas neuerdings, gegen seinen Bruder die Waffen zu erheben oder einen Aufstand zu erregen, indem er zugleich den ungarischen Erzbischöfen und Bischöfen auftrug, im Falle einer Erhebung des Andreas gegen ihn und seine Anhänger den Bann und über ihre Gebiete das Interdict zu verhängen. Dagegen gewährte er dem Erzbischofe von Gran, dem Grafen (Palatin) Mogh[2] und zwanzig Anderen, auf deren Anwesenheit der König besonderen Werth legte, Aufschub der von ihnen gelobten Kreuzfahrt bis zur vollständigen Wiederherstellung der Ruhe in Ungarn.[3]

Allein Andreas liess sich dadurch in der Verfolgung seiner Pläne nicht beirren. Er setzte 1198 zwei seiner Anhänger als Erzbischöfe von Zara und Spalato ein, was aber der Papst als eine Usurpation und als eine Verletzung der königlichen Würde ansah und für ungiltig erklärte,[4] offenbar weil die Ernennung der Bischöfe nur dem Könige als Oberherrn von Dalmatien zustehen sollte. Aber Andreas begnügte sich überhaupt nicht mit dem Besitze der südwestlichen Theile des Reiches, sondern griff schon im Jahre 1199 neuerdings seinen Bruder an, um die Herrschaft über Ungarn selbst in seine Gewalt zu bringen. Mehrere ungarische Bischöfe, namentlich Elvin von Grosswardein, Boleslav von Waizen und Johann von Veszprim traten auf seine Seite und unterstützten ihn mit Geld und mit den Waffen ihrer Verwandten. Selbst der Palatin (offenbar Mogh) schloss sich den Rebellen an.[5] Als der König denselben seiner

---

[1] Potthast nr. 4: scituras ... iure, quod tibi, si dictus rex sine prole decederet, in regno Ungarie competebat ordine geniturae, privandum et regnum ipsum ad minorem fratrem tuum, appellatione postposita, devolvendum. Von einem dritten Sohne Belas III. wissen wir sonst nichts.
[2] Als Palatin erscheint 1197 und noch 1198 Esau, dann 1198 und 1199 Mogh. Fejér II, 308, 325, 329, 344, 365. Mon. Hung. Dipl. II, 194. Cod. dipl. patrius 5, 1.
[3] Potthast nr. 14, 16, 285, 290.
[4] Potthast nr. 508.
[5] Die Genannten nennt als seine Hauptfeinde K. Emerich in einem undatirten, aber offenbar erst nach der Vertreibung seines Bruders (er

Würden beraubte und an dessen Stelle den Michael oder Micha zum Palatin ernannte, sprach der Bischof Elvin von Grosswardein über diesen wegen angeblicher Schuld an der Gefangensetzung eines Geistlichen den Bann aus.[1] In einen noch schärferen Conflict mit dem Könige selbst gerieth der Bischof Boleslav von Waizen. Nach der Darstellung, welche Emerich in einem Briefe an den Papst[2] gibt, habe er sich auf die erhaltene Anzeige, dass der genannte Bischof das für seinen rebellischen Bruder gesammelte Geld bei sich verwahrt habe, mit seinen Grossen nach Waizen begeben, den Bischof und die Domherren· vor sich geladen und gebeten, die Kammer zu öffnen, in der das Geld verborgen sein sollte. Da der Bischof dies verweigerte, sei er in seinem Verdachte bestärkt worden und habe noch entschiedener die Oeffnung verlangt. Der Bischof habe ihn nun mit Schmähworten überhäuft, ja sogar einen Räuber genannt. Jetzt habe er die Kammer in Gegenwart der Domherren öffnen lassen, aber die Schätze der Kirche nicht berührt und nur ein dort gefundenes, Beleidigungen gegen ihn enthaltendes Schreiben weggenommen.[3] Nach dem Berichte dagegen, welcher von den Feinden des Königs an den Papst gelangte, kam der König am Abend des 10. März 1199 nach Waizen, als der Bischof mit den Domherren in der Kirche eben das Completorium sang, liess die Thüre der Sacristei, da ihm der Bischof die Schlüssel verweigerte, gewaltsam öffnen, und da der Bischof und die Domherren nun einen Psalm anstimmten und Gott laut um Hilfe anriefen, schleppte der König denselben mit eigener Hand von der obersten Stufe vor dem Altare hinab, warf ihn auf den Fussboden und liess ihn durch seine Diener aus der Kirche hinauswerfen, bemächtigte sich dann des Schatzes der Kirche und confiscirte auch das Geld des Bischofs, das dieser für ein von ihm gegründetes Kloster gesammelt hatte. Als dann der Bischof untersagte, in der so

---

bezeichnet die Bischöfe als causas fraterni exilii) geschriebenen Briefe an den Papst in Mon. Hung. Dipl. 11, 198.

[1] Nach demselben Briefe. Micha oder Mika erscheint vom Jahre 1199 an bis 1202 in Urkunden des K. Emerich als Palatin. Fejér II, 346. Mon. Hung. Dipl. 20, 72. Cod. d. patrius, 2, 1. Es ist wohl derselbe, der vorher Graf von Bihar ist. Fejér II, 325, 329.

[2] Das in den vorhergehenden Noten citirte Schreiben.

[3] Aus dem erwähnten Schreiben.

entheiligten Kirche Gottesdienst abzuhalten, verbot der König die Entrichtung des Zehnten an denselben.[1] Es ist nicht möglich, beim Mangel anderer Quellen diese Berichte im Einzelnen zu prüfen. Die Wahrheit dürfte wohl in der Mitte liegen und der Bischof Manches übertrieben, der König sein Verfahren beschönigt haben.

Diesmal behauptete übrigens Emerich im Felde das Uebergewicht. Mit Hilfe der damals schon in Ungarn sehr zahlreichen deutschen ‚Gäste‘ oder Ansiedler besiegte er seinen Bruder und nahm viele seiner Anhänger gefangen.[2] Andreas selbst rettete sich durch die Flucht zum Herzoge Leopold von Oesterreich, wogegen Emerich die österreichisch-steirischen Grenzgebiete mit Raub und Brand heimsuchte.[3]

Im folgenden Sommer gelang es endlich dem Cardinaldiakon Gregor, der im Frühjahre als päpstlicher Legat nach Ungarn geschickt wurde,[4] und dem Mainzer Erzbischofe Conrad von Wittelsbach, eine Aussöhnung der beiden feindlichen Brüder und einen Frieden zwischen Ungarn und Oesterreich zu Stande zu bringen.[5]

Ueber die Bedingungen der Aussöhnung stehen leider die verschiedenen Berichte untereinander im Widerspruche. Die gleichzeitige erste Recension der Cölner Königschronik sagt, nachdem sie den Abschluss des Friedens erwähnt: rex ad peregrinandum lumbos suos accinxit commissa regni cura fratri suo; die etwa zwei Decennien später geschriebene zweite Recension dagegen: (Conradus) Inito consilio et habito consensu utriusque et ducis Austriae Lupoldi omniumque principum Ungariae pacem tali modo statuit, ut signati cruce mare

---

[1] Schreiben des Papstes an Emerich vom 21. Juni 1199 ap. Potthast nr. 748. Cf. 749.

[2] Chronica reg. Colon. l. c. Abweichend von Winkelmann, Philipp von Schwaben S. 188, beziehe ich das ille, accitis Theutonicis ... fratrem devicit auf Emerich, nicht Andreas.

[3] Cont. Claustroneob. II, p. 620 ad 1199. Cont. Lambac. p. 656 ad 1198.

[4] Potthast nr. 977, 978.

[5] Chron. reg. Colon. l. c., wo aber nur Erzbischof Conrad als Friedensstifter genannt ist, der vielleicht besonders bei den Verhandlungen mit Oesterreich thätig gewesen ist. Dass aber der Friede zwischen Emerich und Andreas durch den Cardinallegaten Gregor zu Stande gebracht worden ist, sagt später Papst Innocenz III. wiederholt. Potthast nr. 2016 und 2284, cap. 1.

transirent et regnum Ungariae predicto duci Austriae commendarent, ut, si quis illorum morte preventus in transmarinis partibus debitum carnis exsolveret, supervivens rediens in patriam regnum possideret; endlich die Cont. Claustroneob. II. p. 620 ad 1200: Pax inter regem Ungarie et ducem Austrie componitur, fratre in consortium regni suscepto. Die letzte Angabe erweist sich als richtig, nur darf man nicht an eine Mitregentschaft des Andreas denken, sondern muss eine Theilung des Verwaltungsgebietes annehmen, wie dies auch 1198 stattgefunden hatte. Da Andreas noch im Jahre 1200 als Dalmacie, Croacie Chulmeque dux für den Bischof und den Decan von Agram und für ein Kloster in Sebenico Urkunden ausstellt[1] und auch der Papst ihn dux Crowacie nennt,[2] so ist wohl mit Sicherheit eine neuerliche Abtretung Croatiens und Dalmatiens und die Verleihung des Herzogstitels an ihn anzunehmen. Eine Bestätigung findet diese Annahme in einem Schreiben des Papstes Innocenz III. an Andreas vom 5. November 1203, worin diesem versprochen wird, dass, wenn er einen männlichen Erben erhielte, in tuo tibi ducatu succedat.[3] Doch hat sich Emerich auch diesmal die Oberhoheit über das croatisch-dalmatinische Herzogthum vorbehalten. Denn auch er stellt im Jahre 1201 für die Kirche von Agram eine Urkunde aus und bestätigt derselben ihre Besitzungen,[4] und Andreas selbst datirt eine Urkunde für das Bisthum Agram aus dem Jahre 1201: regnante gloriosissimo fratre nostro rege Henrico.[5] Auch der Papst erkennt offenbar Emerich als Oberherrn von Dalmatien an, wenn er ihn am 11. October 1200 auffordert, gegen den ehemaligen Bischof Nicolaus von Faro, der gegen das ausdrückliche Verbot des Papstes das Erzbisthum Zara innehabe, einzuschreiten.[6]

---

[1] Mon. Hung. Dipl. 20, 73 f. Fejér II, 375. Der als erster weltlicher Zeuge noch vor dem Ban Nicolaus angeführte Mog comes ist ohne Zweifel der frühere ungarische Palatin, der von Emerich zu Andreas übergetreten war.

[2] Potthast nr. 1431.

[3] Potthast nr. 2017.

[4] Fejér II, 386. Katona 4, 612.

[5] Mon. Hung. Dipl. 20, 76.

[6] Potthast nr. 1142.

Dass Emerich, wie die Cölner Königschronik meldet, einen Kreuzzug gelobt habe, beweisen mehrere päpstliche Briefe aus den nächsten Jahren,[1] und auch die weitere Angabe dieser Quelle, dass unterdessen Andreas die Verwaltung Ungarns führen sollte, wird durch ein leider nur im Auszuge bekanntes Schreiben Innocenz III. an denselben bestätigt.[2] Doch wurde dieser Kreuzzug immer wieder hinausgeschoben, bis Ende[3] 1203 ein neuer Zwist zwischen dem Könige und seinem Bruder ausbrach.

Einen etwas eingehenderen Bericht hierüber haben wir leider nur von einem Schriftsteller, der mehr als ein halbes Jahrhundert später eine Geschichte von Spalato schrieb, nämlich dem dortigen Archidiakon Thomas.[4] Darnach fielen alle Grossen des Reiches und beinahe die ganze Kriegsmannschaft vom Könige ab und traten zu Andreas über, so dass die wenigen Anhänger Emerichs ihm zur Flucht riethen. Als Andreas ihm mit weit überlegenen Kräften kampfbereit gegenüberstand, ward auch er selbst von Angst erfüllt. Da kam ihm ein rettender Gedanke. Ohne Waffen, nur mit einem Stocke in der Hand, begab er sich mitten in die Schaaren seines Bruders. Sein Ruf: „Jetzt will ich sehen, wer es wagen wird, seine Hand zur Vergiessung königlichen Blutes auszustrecken!" war im Stande, alle Feinde zu bannen. Ohne Widerstand drang er bis zu seinem Bruder vor, ergriff diesen, führte ihn als Gefangenen hinweg und bewog dessen Heer zur Unterwerfung. Andreas wurde als Gefangener in ein Schloss abgeführt, als welches Andreas selbst in einer späteren Urkunde Khene unweit Warasdin angibt.[5]

Die Gefangennehmung des Andreas erwähnen in Kürze zum Jahre 1203 auch gleichzeitige oder wenig spätere österreichische Annalen, die von Melk, von Admont und von Klosterneuburg (Contin. II).[6] Doch lässt sich der Bericht der Klosterneuburger Fortsetzung mit der Erzählung des Archidiakons von

---

[1] Potthast nr. 1431—1434, 1839, 1845 etc.
[2] Ibid. nr. 1431.
[3] Am 5. November 1203 ist dem Papste davon noch nichts bekannt. Dessen Schreiben ap. Potthast nr. 2015—2017.
[4] Ap. Schwandtner 3, 569.
[5] Fejér III, 1, 86.
[6] M. G. SS. 9, 506, 590, 620.

Spalato, der ja auch an sich schon einen etwas sagenhaften Charakter trägt, kaum in Uebereinstimmung bringen. Nach jenem hätte nämlich Emerich seinem Bruder durch Mönche sicheres Geleit versprochen, ihn aber dann wortbrüchig in Ketten gelegt.[1] Nach der Admonter Fortsetzung hätte Emerich seinen Bruder gefangen gesetzt, weil er ihn in Verdacht hatte, nach dem Reiche zu streben, und hätte er auch dessen Gemahlin Gertrud von Meranien ihrer Güter beraubt und in ihre Heimat zurückgeschickt.[2] Doch wurde Andreas noch vor Ablauf eines Jahres aus seiner Haft befreit. Nach dem Archidiakon von Spalato hat Emerich selbst, als er schwer erkrankte und sein Ende nahen fühlte, seinen Bruder zu sich bringen lassen und ihm die Vormundschaft über seinen jungen Sohn Ladislaus, der kurz vorher zum Könige gekrönt worden war, und bis zur Volljährigkeit desselben die Verwaltung des Reiches übertragen. Bekanntlich ist er dann ein ebenso gewissenloser Vormund wie liebloser Bruder gewesen.

II.

Die Ermordung der Königin Gertrud von Ungarn im Jahre 1213.

Die Ermordung der Gemahlin Andreas II. von Ungarn, welche auf die damaligen ungarischen Zustände ein grelles Schlaglicht wirft, ist in ihren Motiven wie in ihren Einzelnheiten noch vielfach dunkel. War die Ursache Privatrache oder politisch-nationaler Hass oder wurzelte sie in beiden? Waren nur Einzelne betheiligt oder war sie Folge einer weit verzweigten Verschwörung?

Sollte nur die verhasste Königin getroffen oder sollten auch noch andere Ziele erreicht werden? Das sind Fragen, welche in der Darstellung der neueren Geschichtschreiber noch durchaus nicht gelöst erscheinen, freilich theilweise auch nicht

---

[1] M. G. SS. 9, p. 620: Eimricus rex Ungarie data fide per religiosos viros fratrem suum dolo captum et catenis constrictum perpetualiter incarceravit.
[2] Cont. Admunt. p. 590.

mit voller Sicherheit zu beantworten sein werden. Indessen scheint es doch, dass bei sorgfältiger Prüfung und kritischer Würdigung der Quellen manche Punkte genauer festgestellt werden können, als es bisher geschehen ist.

Die Zeit der Mordthat ist allerdings nicht so unsicher, als man vermuthen möchte, wenn man sieht, dass noch der neueste Darsteller der Geschichte Ungarns, E. Klein, in seiner Bearbeitung von J. A. Fessler's ‚Geschichten der Ungarn und ihrer Landsassen', 1, 311 f. ebenso wie seine Vorgänger dieselbe in das Jahr 1214 setzt. Das Jahr 1213 steht fest durch eine Reihe gleichzeitiger oder fast gleichzeitiger Quellen: die Canon. Prag. Contin. Cosmae M. G. SS. 9, 170; Ann. Mellic. ibid. p. 507; Ann. Gotwic. ibid. p. 602; Ann. S. Rudb. Salisb. ibid. p. 780; weiter die Ann. Marbac. (Argentin.?) SS. 17, 173 und die vielfach auf älteren Aufzeichnungen beruhenden Ann. Reinhardsbrunn. ed. Wegele p. 130. Auch die Cont. Admunt. M. G. SS. 9, 592 stimmt damit überein, indem nach ihr die Ermordung der ungarischen Königin nach der Rückkehr des Herzogs Leopold von Oesterreich aus Spanien, d. h. etwa nach dem Februar 1213 stattfand. Als Tag geben die Cont. Praedic. Vindob. M. G. SS. 9, 726 und die Aufzeichnung De fundatoribus monasterii Diessensis SS. 17, 330 (fälschlich zu 1200) den 28. September, iv. Kal. Octobris an, und dieses Datum wird bestätigt durch das Kal. necrolog. canonic. Babenberg. ap. Böhmer, Fontes 4, 506, wo man verlässliche Nachrichten erwarten darf, da Gertrud die Schwester des damaligen Bischofs Eckbert von Bamberg war.

Bezüglich der Motive stehen sich die Angaben der älteren und die der späteren Quellen schroff gegenüber.

Erstere geben ‚Deutschenhass' als Ursache an. In odium Teutonicorum reginam occidunt, sagen die gleichzeitigen Ann. Gotwic., Gertrudem reginam in odium Teutonicorum interfecerunt die nicht viel spätere Aufzeichnung in der Cont. Admunt. Bestimmter drücken sich in dieser Beziehung die Ann. Marbac. (oder wohl richtiger Argentinenses ad 1213) aus, die, etwa zwischen 1230 und 1240 abgefasst, ja auch für deutsche Geschichte dieser Zeit recht wichtig sind. Sub eodem tempore regina Ungarie, soror Eggeberti episcopi Babenbergensis et Ottonis ducis Meranie, ab ipsis Ungaris crudeliter est interempta, nulla alia causa ut dicebatur existente, nisi quod eadem regina erga Teutonicos undecunque adventantes larga fuit et liberalis eorumque necessitati in omnibus subveniebat. Einen ganz speciellen, aber kaum richtigen Grund für diese Begünstigung der Deutschen gibt die neu entdeckte Cont. II. der Chronica regia Colon. ed. Waitz p. 186 an: Rex Ungariorum cum per suos munitionem quandam expugnare non posset, consilio uxoris sue, que ex Theuthonica gente oriunda fuit, ex his, qui in terra eius morabantur, Theutonicis sumens exercitum, iam dictam munitionem sine magno belli periculo in brevi sibi subiugavit; unde tam muneribus quam honoribus plurimis eos ampliare curavit. Ungarii vero invidentes et se tanquam viliores ac despectui haberi erubescentes etc.

Da entsteht nun die Frage: Lässt sich eine* solche Begünstigung der Deutschen oder einzelner Deutscher auch aus anderen Quellen nachweisen?

In erster Linie kommt Gertruds Bruder Berthold von Meranien in Betracht. Berthold hatte sich dem geistlichen Stande gewidmet und war Probst in Bamberg geworden, wo sein Bruder Eckbert seit 1203 Bischof war. Nach der Thronbesteigung seines Schwagers Andreas II. im Jahre 1205 begab er sich nach Ungarn und erhielt, natürlich durch die Verwendung des Königs, 1206 das durch die Uebersetzung des früheren Inhabers nach Gran erledigte Erzbisthum Colocsa, obwohl er weder das vorgeschriebene canonische Alter von dreissig Jahren, noch eine genügende Vorbildung hatte. Denn der Papst Innocenz III. verweigerte ihm Anfangs die Bestätigung, weil der mit der Untersuchung beauftragte Erzbischof von Salzburg ihm berichtet, se reperisse illum textum expedite legentem et interpretantem eiusdem verba suo idiomate competenter, et apte praeterea de constructione grammatica respondentem; quendam vero militem, ipsius praepositi paedagogum iuramento corporaliter praestito affirmantem, eum indubitanter esse viginti quinque annorum et ultra, et huic quidem aetati staturam corporis concordare, weil also eum nec in iure canonico nec in divino eloquio vel tenuiter commendatum et aetatem ipsius non solum non esse perfectam sed nec etiam perfectioni vicinam.[1] In der That fühlte Berthold selbst die Nothwendigkeit weiterer Ausbildung, indem er, wie der Papst im Jänner 1209 dem

---

[1] Potthast nr. 3073.

Könige Andreas gegenüber sich beschwert, cura commissae sibi ecclesiae derelicta ... Vicentiam se transtulerit ibique circa prima rudimenta versetur, non praecavens, imperitiam suam, quam caute domi studendo potuisset utcunque redimere, foris indecenter vagando turpiter publicare.[1] Doch dürfte gerade das Streben Bertholds, seine mangelnden Kenntnisse zu ergänzen, für eine gewisse ernste Auffassung seiner Berufspflichten zeugen, und der Papst machte ihm auch keinen weiteren Vorwurf, als dass er seine Heerde verlassen.[2] Bald übertrug der König seinem Schwager auch noch hervorragende weltliche Aemter. In den Jahren 1209 bis 1212 finden wir den erwählten Erzbischof von Colocsa als Ban von Slavonien, d. h. von Dalmatien und Croatien, 1212 und 1213 als Woiwoden von Siebenbürgen,[3] später 1213 als Grafen von Bacs und Bodroy,[4] worauf er aber kein weltliches Amt mehr bekleidet zu haben scheint.

Nach der Ermordung des Königs Philipp, des Staufers, kamen noch zwei weitere Brüder der Gertrud, der Bischof Eckbert von Bamberg und der Markgraf Heinrich von Istrien, die, wahrscheinlich fälschlich, der Mitschuld bezichtigt worden waren, als Flüchtlinge nach Ungarn. Doch lässt sich für eine übermässige Begünstigung derselben kein Beweis beibringen. Wir wissen nur, dass der König dem Bischofe Eckbert ein Besitzthum in der Zips übertragen hat.[5] Die Bemühungen des ungarischen Königs waren nicht so sehr auf eine reiche Ausstattung dieser Schwäger mit Besitzungen in Ungarn, als vielmehr auf die Erwirkung ihrer Wiedereinsetzung in ihre Würden in Deutschland gerichtet.

Von anderen Deutschen verlieh der König 1209 dem Probste Adolf, der theilweise wohl zur Erreichung des er-

---

[1] Potthast nr. 3617 cf. 3252.
[2] Klein 1, 308 liest freilich aus obigem Schreiben des Papstes heraus, dass ‚sich Erzbischof Berthold durch unwürdiges Betragen schon Verachtung und Hass zugezogen und sein hohes Kirchenamt entehrt hatte'.
[3] Als Ban ap. Fejér VI, 125; III. 1, 76—80, 106—111, 124. Mon. Hung. Dipl. 11, 334, 341, 348; 20, 105—113; als Woywoden Fejér III; 1, 114—124, 126. Cod. d. patr. 6, 10. Mon. Hung. Dipl. 11, 354, 358; 20, 114—119.
[4] Fejér III, 1, 148. Mon. Hung. Dipl. 6, 131.
[5] Fejer III, 1, 76.

wähnten Zweckes multum in servitio nostro et reginae ...
tam ad dominum papam quam imperatores et diversos principes
personam et res periculo exposuerit et fideliter desudaverit,
ad instantiam eiusdem reginae et venerabilium fratrum suorum
scilicet Colocensis archiepiscopi Bertholdi et Bambergensis
episcopi et marchionis, quibus incessanter et fideliter et super
alios eorum fideles servivit et frequentius personam periculo
mortis exposuit, und seiner Schwester, quae iam per dictam
reginam a terra nativitatis suae in exilium et peregrinationem
vocata est relictis competentibus possessionibus et cognatis
liberisque suis, das früher dem Bischofe von Bamberg geschenkte
Gut in der Zips.[1] Ein Deutscher war ohne Zweifel auch der
hospes Leuquer(?), dem der König 1211, weil er ihm et
dilecto cognato nostro Bertoldo, Colocensi electo, multa exhibuit
ac fidelia (servitia), ad preces ipsius cognati nostri pondera et
liberos denarios quinquaginta mansionum hospitum in villa
Scento verlieh.[2] Sehr zahlreich scheint indessen die Zahl der
Deutschen vornehmeren Standes, die zur Zeit der Königin
Gertrud in Ungarn sich niederliessen, doch nicht gewesen zu
sein. Denn Keza nennt in seiner Schrift ‚De nobilibus advenis'
als Ansiedler nach der Zeit des Königs Emerich nur Myurk
de Chakan cum Wenceslao et Jacobo fratribus suis, de ducibus
Moravie (Meranie) habentes originem ... affinitate Bele regi
quarto coniunguntur.[3]

Am meisten scheint die Begünstigung Bertholds den Un-
willen der Ungarn hervorgerufen und auch Hass gegen den
König geweckt zu haben. Denn Andreas selbst schreibt im
Jahre 1214 an den Papst: ob cuius (Colocensis archiepiscopi)
vehementem affectionem et promotionem super alios fere totius
regni nostri maiorum et minorum odium incurrimus.[4]

Schon früh drohte diese Unzufriedenheit dem Könige
verderblich zu werden. Wie wir aus einem Privileg desselben
für den Grafen Domald von Sebenigo vom Jahre 1210 erfahren,[5] hatten einige ungarische Magnaten (principes) an die
Söhne Geisas, des Bruders Bela's III., die in Griechenland

---

[1] Fejér III, 1, 76.
[2] Ibid. p. 108.
[3] Endlicher, Mon. Arpad. p. 127, nr. 17.
[4] Fejér III, 1, 166.
[5] Ibid. p. 100.

lebten, Boten und Briefe geschickt, um sie nach Ungarn zu berufen und einen von ihnen auf den Thron zu erheben. Nur durch die Treue des erwähnten Grafen Domald, der die Gesandten in Spalato festnahm und mit ihren Briefschaften an den König schickte, wurde Ungarn vor einem Bürgerkriege bewahrt.

Man wird es daher durchaus wahrscheinlich finden, dass die Ursache der blutigen That gegen die ungarische Königin der Hass der Ungarn gegen einige in Folge ihres Einflusses auf den schwachen König begünstigte Deutsche, besonders ihren Bruder Berthold von Colocsa, oder mit den deutschen Annalen zu reden, ‚odium Teutonicorum' gewesen sei.

Dies würde freilich nicht ausschliessen, dass die nächste Veranlassung dazu jene Frevelthat des jungen Erzbischofs geboten habe, welche die ungarischen Chronisten als Ursache angeben. Diese berichten nämlich, Gertrud habe einem ihrer Brüder (hospiti [1]) die Gemahlin des Bank-Ban aus dem Geschlechte Bor mit Gewalt zur Schändung übergeben, worauf deren Gatte seine Ehre durch die Ermordung der Königin im Jahre 1212 (!) gerächt habe; das ganze Geschlecht des Bank-Ban sei dann ausgetilgt worden. [2] Allein die Existenz dieses Theils der ungarischen Chronik lässt sich nicht über die Mitte des vierzehnten Jahrhunderts hinauf nachweisen, während der einzige ungarische Geschichtschreiber des dreizehnten Jahrhunderts, Keza, über das traurige Ereigniss vollständig schweigt. Aelter ist die Cont. Praedic. Vindob., die p. 726 als Ursache der Ermordung der Gertrud angibt, eo quod fratri suo carnali patriarche Aquilegensi (das wurde Berthold 1218) uxorem Bantzi procaverat. Aber auch diese Chronik wurde frühestens siebzig Jahre später abgefasst. [3]

---

[1] Dieser Beisatz kann doch nur einen der beiden Brüder der Königin bezeichnen, die sich vorübergehend im Lande aufhielten, also Eckbert von Bamberg oder Heinrich von Istrien, nicht aber Berthold von Colocsa.

[2] Marci Chron. ed. Toldy c. 77, p. 99 = Thwrocz L. 2, cap. 72 ap. Schwandtner 1, 148 = Chron. Budense ed. Podhradczky p. 191 f. Chron. Poson. ed. Toldy p. 35 f. Heinrich von Müglen cap. 60 bei Kovachich, Sammlung kleiner Stücke 1, 81. Hier ist ausdrücklich der Bischof von Bamberg als Derjenige genannt, der die Gattin Bank-Bans entehrt habe.

[3] Auf ihr scheint das Chronicon rhythmicum Austriacum M. G. SS. 25, 355, v. 263 ff. zu beruhen, das bezüglich des Ortes der Mordthat, in cam-

Diese Erzählung ist indessen nicht blos äusserlich schlecht beglaubigt. Sie wird auch unwahrscheinlich durch das, was wir aus Urkunden jener Zeit über die Schicksale des Bank-Ban erfahren.

Wir finden Banko zuerst im Jahre 1208 und dann noch 1209 in Urkunden des Königs Andreas als Ban genannt.[1] Noch im nämlichen Jahre macht er dem Schwager des Königs, Berthold von Colocsa Platz, erscheint aber dafür 1209 und 1210 als Bihoriensis comes, als Vorsteher des Biharer Comitats.[2] Im Jahre 1211 ist er nicht blos Graf von Bihar, sondern auch curialis comes reginae.[3] Schon im Jahre 1212 finden wir ihn als palatinus et Kevensis comes,[4] in demselben Jahre und noch 1213 als palatinus et Posoniensis comes.[5] Wie denn aber überhaupt in dieser Zeit die Beamten sehr häufig wechselten, so erscheint noch im nämlichen Jahre 1213 als Palatin ein Nicolaus Banko, aber nur noch als Graf von Pressburg.[6]

Wenn dann Banko für einige Jahre aus den Urkunden verschwindet, so läge es nahe, dies mit der Ermordung der Königin in Zusammenhang zu bringen und anzunehmen, dass derselbe wirklich die blutige That begangen habe. Gegen diese Vermuthung spricht aber doch, dass Banko in den Jahren 1217 und 1218 noch einmal die Würde eines Bans bekleidet.[7] Eine solche Schwäche können wir dem Könige doch unmöglich zuschreiben, dass er den Mörder seiner heissgeliebten

---

pestri tentorio, mit ihr wörtlich übereinstimmt, aber als Schuldigen den Erzbischof von Colocsa nennt, der die Gemahlin Banci viri nobilis geschändet habe. Dass diese Quelle, wie der neueste Herausgeber annimmt, noch unter der Regierung Ottokars von Böhmen verfasst sei, halte ich nach den vielen Fehlern derselben auch über die letzte Zeit der Babenberger für durchaus unwahrscheinlich, folgt jedenfalls nicht aus Vers 600.

[1] Fejér III, 1, 58, 81—83; III, 2, 465—470. Mon. Hung. Dipl. 6, 97; 11, 324, 333; 20, 90—102.
[2] Fejér III, 1, 76—80, 89, 102; III, 2, 470—474. Mon. Hung. Dipl. 11, 334, 341.
[3] Fejér III, 1, 106—109, 111. Mon. Hung. Dipl. 6, 125; 11, 348; 20, 108.
[4] Fejér III, 1, 114, 118—125. Mon. Hung. Dipl. 11, 354; 20, 114.
[5] Fejér III, 1, 116, 149. Mon. Hung. Dipl. 11, 359; 20, 116.
[6] Fejér III, 1, 147.
[7] Fejér III, 1, 194—203, 205—227, 233—242, 248. Cod. d. patr. 5, 7; 7, 7. Mon. Hung. Dipl. 6, 140; 11, 385, 391; 20, 141—152.

Gemahlin eines der wichtigsten Reichsämter übertragen habe, und selbst in diesem Falle enthielte die ungarische Tradition einen Irrthum, indem sie das ganze Geschlecht Banko's vertilgt werden lässt.

Man könnte nun allerdings noch an den Ausweg denken, anzunehmen, dass der Banko der Jahre 1217 und 1218 von dem früheren gleichnamigen Ban und Palatin verschieden gewesen sei. Aber der König bemerkt in einer Urkunde von 1216, dass er einen seiner Getreuen in den Besitz eines ihm geschenkten Gutes per fidelem iobagionem nostrum tunc temporis palatinum, scilicet Banchonem habe einführen lassen.[1] Die Bezeichnung jenes Banko, welcher der Mörder der Königin gewesen sein musste, als ‚fidelis‘ dürfte wohl entscheidend sein und die spätere Tradition als unbegründet darthun.

Bezüglich der Einzelnheiten bei der Ausführung der That sind leider unsere Berichte sehr wortkarg, stehen auch theilweise miteinander im Widerspruche.

Als sicher können wir indessen wohl annehmen, dass die Ermordung der Königin nicht die That eines Einzelnen, sondern Folge einer weiter verbreiteten Verschwörung gewesen sei. Darin stimmen alle älteren Aufzeichnungen überein. 1213 Ungarorum meliores armata et violenta manu contracta in odium Teutonicorum reginam occidunt, berichten die gleichzeitigen und auch räumlich nahe stehenden Ann. Gotwicenses. Ungari facta concussione regni sui et mota seditione maxima Gerdrudem reginam in odium Teutonicorum interfecerunt, sagt die etwas spätere Cont. Admuntensis. Gertrudis regina Ungarie ... magnatis et proceribus regni in mortem eius malitiose conspirantibus crudeliter interfecta est, erzählen die Ann. Reinhardsbrunnenses, in welchen auf die dem thüringischen Hofe nahe stehenden Personen, zu denen ja Gertrud als Mutter der heiligen Elisabeth gehörte, besondere Rücksicht genommen ist. Regina Hungarie Gertrudis ... per conspirationem principum et baronum de Hungaria interficitur, schreibt Albericus Trium Fontium,[2] dem durch Cistercienser auch aus Ungarn allerhand Nachrichten zukamen. Es

---

[1] Mon. Hung. Dipl. 20, 139.
[2] M. G. SS. 23, 898.

sind also die Grossen und hohen Würdenträger, deren Hasse die Königin zum Opfer gefallen ist. Nicht blos nach Alberich von Trois-Fontaines, der sein grosses Werk etwa drei Jahrzehnte später schrieb, sondern auch nach den Ann. S. Rudb. Salisb., die hier allem Anscheine nach ziemlich gleichzeitig abgefasst sind,[1] hätte auch der Erzbischof Johann von Gran eine sehr zweideutige Rolle gespielt, indem er auf eine vor Ausführung der That an ihn gerichtete Anfrage eine Antwort gab, welche je nach der Stellung der Interpunctionen die Zustimmung des Schreibers oder die Missbilligung der That ausspricht: Reginam occidere nolite timere bonum est; si omnes consenserint ego non contradico. Dass dies aber doch wahrscheinlich nur ein unbegründetes Gerücht gewesen ist, dürfte daraus hervorgehen, dass der König Andreas schon 1214 in einem Schreiben an den Papst diesen Erzbischof fidei constantia probatus nennt, ihm dann während seiner Kreuzfahrt die Stelle eines Reichsverwesers überträgt und ihm nach seiner Heimkehr wieder das Zeugniss constantissimae fidelitatis ausstellt.[2]

Als unmittelbaren Thäter nennen die erwähnten Salzburger Annalen einen comes quidam Petrus, wohl denselben, welcher in einer von der Königin als Reichsregentin im Jahre 1213 ausgestellten Urkunde als comes Chenadiensis vorkommt und damals an ihrem Hofe weilte.[3] Auch die Ann. Marbac. nennen als ‚einen der Mörder' einen Grafen Peter. Dies wird durch eine Urkunde K. Bela's IV. von 1237 bestätigt, worin er dem von ihm gegründeten Kloster Belae fons eine Schenkung macht de possessionibus haereditariis quondam Petri filii Gurwey, quae sua infidelitate exigente, quia crimen laesae maiestatis matrem nostram occidendo commiserat, ad manus regias sunt devolutae, und später: Petri de praenotato crimine condemnati.[4] Aber bezüglich seines Schicksals weichen diese beiden ersteren Quellen im Einzelnen von einander ab. Die Ann. Marbac. berichten nämlich: Petrus a rege Ungarie postea comprehensus dicitur et palo per ventrem transfixo in

---

[1] Daraus Herm. Altah. M. G. SS. 17, 386.
[2] Fejér III, 164, 269 ff.
[3] Fejér III, 1, 149.
[4] Ibid. IV, 1, 68.

ultionem uxoris necatus. Die Salzburger Annalen aber melden: qui et ipse subsequenti nocte in ultione sceleris cum aliis iugulatur.

Einen der Hauptmitschuldigen lernen wir aus einer Urkunde Andreas II. von 1228[1] kennen, worin der König erklärt: quod, cum Simon banus, frater Michaelis bani, novo et inaudito genere iniquitatis et nequitiae ... crudeliter et enormiter armatus una cum suis complicibus ... conspirantibus mortis b. m. Gertrudis dominae reginae ... particeps extitisset, habito communi filiorum et episcoporum nec non et omnium baronum nostrorum consilio universas eiusdem possessiones decrevimus confiscandas. Den Michael können wir in zwei Urkunden des Jahres 1212 als Ban nachweisen.[2]

Eine weitere Frage, bezüglich welcher die Quellen sich widersprechen, ist die, ob der König bei der Ermordung seiner Gemahlin anwesend oder wenigstens in der Nähe gewesen sei oder nicht. Die Cont. Admunt., nach welcher auch Herzog Leopold von Oesterreich, der damals am ungarischen Hofe war, von den Ungarn zum Tode bestimmt und gesucht wurde, aber doch mit Mühe sich rettete, lässt die That stattfinden Andrea rege ibidem consistente, die Ann. S. Rudb. Salisb. dagegen sponso expeditionem contra Ruthenos movente. Einen eigenthümlichen Bericht hat die zweite Fortsetzung der Chronica regia Colon. ed. Waitz p. 186, welche nach ihrer Erzählung von der Begünstigung der Deutschen durch den König fortfährt: Ungarii vero invidentes et se tanquam viliores ac despectui haberi erubescentes regem occidere conati sunt; quod reginam non latuit. Unde intempeste noctis hora, omnibus somno graviter oppressis, a regina premonitus rex cum paucis fugam iniit ipsa cum suis in castris permanente. Estimabat enim sibi, utpote sexui femineo, parcendum. Nondum rex longius precesserat, cum ecce Ungarii manu armata, mente efferata in castra regis irruunt ad occidendum regem inquirunt. Quem tandem abisse pro certo cognoscentes more bestiali reginam crudeliter invadunt, vulnerant, prosternunt, manus, quas supplicando protenderat, abscidunt sicque omni bestia crudeliores lanceis et contis undique perfossam demum miserabiliter

---

[1] Fejér III, 1, 152; III, 2, 129 und Cod. d. patr. 6, 20.
[2] Fejér III, 1, 114, 125.

occiderunt. So gibt die Cölner Chronik allein nähere und an sich ja durchaus nicht unwahrscheinliche Details. Leider aber wird ihre Glaubwürdigkeit dadurch vermindert, dass sie das Ereigniss in das falsche Jahr 1210 setzt. Für die Richtigkeit der Angabe der Salzburger Annalen spricht, dass der König nach einer Urkunde von 1213 [1] impeditus demum necessariis regni sui causis, puta profecturus valida manu in exercitum contra Gubatos (!) der Königin Gertrud, dem Erzbischofe Berthold et universis principibus communiter in curia circa ipsam reginam tum temporis commorantibus eine Streitfrage zur Entscheidung überlassen hat. Nur wird man den Ausdruck der Salzburger Annalen ‚sponso expeditionem contra Ruthenos movente' nicht nothwendig so auffassen müssen, dass Andreas jenseits der Karpathen stand, da es ja auch heissen kann, dass er auf dem Zuge gegen die Ruthenen begriffen war. Damit stimmt dann der Bericht der freilich erst gegen Ende des dreizehnten Jahrhunderts verfassten sogenannten Wolyn'schen Chronik, einer Fortsetzung des Nestor, zu 1210 (statt 1213) überein, welcher in deutscher Uebersetzung [2] lautet: ‚Der König ... sammelte ein grosses Heer und nahm den Weg nach Halicz. Als er im Kloster Lelesow rastete, fassten die gottlosen Bojaren (Magnaten) den Plan, ihn zu tödten. Aber nur seine Frau und viele Deutsche wurden erschlagen; sein Schwager, der (spätere) Patriarch von Aquileja, entfloh kaum.' Diese russische Quelle liesse sich in der Hauptsache auch mit der Fortsetzung der Cölner Königschronik vereinbaren, indem ja die Königin ihren Gemahl bis Lelesz, südwestlich von Unghvar, begleitet haben kann. Dafür würde weiter sprechen, dass nach einer Urkunde des Königs Andreas von 1214 für das Kloster Lelesz quaedam corporis eiusdem (regine Gertrudis) pars in eadem est sepulta ecclesia duoque sacerdotes ibi sunt constituti.[3] Auch der Umstand könnte vielleicht für die Anwesenheit des Königs in der Nähe der Blutthat angeführt werden, dass bei dieser Gelegenheit das königliche Siegel verloren gegangen ist.[4] Ob die Verschworenen noch weitergehende politische Ziele

---

[1] Fejér III, 1, 149 in Mon. Hung. Dipl. 6, 132 ff. mit 1214, aber offenbar falsch, da Gertrud noch lebt.
[2] Bei Szaraniewicz, Die Hypatios-Chronik, Anhang p. II.
[3] Fejér III, 1, 153.
[4] Ibid. III, 1, 175, 178, 202 etc.

verfolgt haben, lässt sich nicht entscheiden. Denn wenn im Jahre 1214 der König Andreas den Papst bittet, ut omnes conspiratores et infidelitatis machinatores, qui propter regni scissuram filium nostrum, nobis viventibus et nolentibus, in regem sibi praeficere vel coronare attentaverint, tam clericos quam laicos sententia excommunicationis (innodetis?),[1] so könnte wohl der Plan, den sechsjährigen Bela auf den Thron zu setzen, mit der Verschwörung des Jahres 1213 in Verbindung gebracht werden. Aber nach der Satzconstruction möchte ich eher annehmen, dass der König die Erhebung seines Sohnes als möglich in der Zukunft, besonders während des von ihm beabsichtigten Kreuzzuges, ins Auge fasst und bestraft wissen will.

Neuere Historiker, z. B. Szalay 1, 346; Fessler-Klein 1, 312; Krones, Handbuch der Geschichte Oesterreichs 2, 90 nehmen an, dass Andreas die Mörder seiner Gemahlin nicht zu strafen gewagt habe. Allein die Quellen sagen das Gegentheil. Die Chronica regia Colon. berichtet: Rex tam inhumano audito scelere, stimulo doloris vehementis in furorem et in iram exardescens, huius criminis non solum auctores sed et fautores comprehensos crudeli et amara morte consumsit. Damit stimmen die Ann. Marbac. überein, die nach der Erwähnung der Pfählung des Grafen Peter fortfahren: Similiter alii diversis penis extincti fuerunt. Dass zwei der Mörder, der Graf Peter und der Ban Simon, mit Confiscation ihrer Güter bestraft worden seien, konnten wir ja auch urkundlich nachweisen.

Ungewiss scheint es, ob die Misshandlung des Erzbischofs Berthold von Colocsa und anderer Geistlicher bei Gelegenheit der Ermordung der Königin oder zu anderer Zeit geschehen ist. Am 7. Jänner 1214 befiehlt nämlich der Papst Innocenz III. den ungarischen Bischöfen, Jene mit dem Banne zu belegen, welche inter alia, quae commiserunt enormia, in venerabilem fratrem nostrum Colocensem archiepiscopum manus praesumserunt iniicere temere violentas et audacter desaevientes in gregem, qui non timuerant in pastorem ipsius archiepiscopi clericos nec non et monachos verberibus, damnis et aliis iniuriis afflixerunt.[2] Die ungarischen Historiker, welche

---

[1] Fejér III, 165.
[2] Ibid III[1], 152. Potthast nr. 4871.

Gertruds Ermordung erst in das Jahr 1214 setzen, müssen nach dem Datum des päpstlichen Schreibens die ‚Durchprügelung' Bertholds natürlich früher geschehen lassen. Krones 2, 89 dagegen nimmt an, Berthold sei später misshandelt worden. Nach dem Wortlaute des Briefes des Papstes dürften aber doch beide Gewaltthaten in unmittelbaren Zusammenhang zu bringen sein, da unter den alia, quae commiserunt enormia, doch am ehesten die Ermordung der Königin zu verstehen ist. Dass die Ungarn sich übrigens Berthold gegenüber mit einer Tracht Prügel begnügten, dürfte auch gegen die Wahrheit der ihm in den späteren Berichten zur Last gelegten Schändung der Gemahlin Banko's sprechen. Denn diese wäre wohl am ehesten mit Blut gerächt worden. Dass aber Berthold sonst sehr verhasst war, wird nicht nur durch diese Misshandlung bewiesen, sondern auch dadurch, dass der König ihn nun unter dem Vorwande einer Kreuzfahrt durch zwei Bischöfe aus dem Lande führen liess, wobei derselbe, wie Andreas dem Papste klagt, Gold und Silber im Werthe von 7000 Mark, welche die Königin für ihre Kinder zusammengehäuft und bei einem Bürger deponirt hatte, heimlich mit sich fortnahm.[1]

So erscheint nach den ältesten Quellen die Ermordung der Königin Gertrud als ein ausschliesslich politischer Act, als Folge der Begünstigung einiger Deutscher, besonders ihres Bruders Berthold. Ob die Verschworenen auch den König aus dem Wege räumen wollten, wie die Fortsetzung der Cölner Königschronik berichtet, oder ob sie seinen Sturz und die Erhebung seines minderjährigen Sohnes Bela beabsichtigten, ist zweifelhaft. Die That scheint im Kloster Lelesz im nördlichen Ungarn verübt worden zu sein, wohin die Königin wahrscheinlich ihren Gemahl auf dem Zuge gegen die Ruthenen begleitet hat.

III.
Die Streitigkeiten zwischen König Bela IV. und seinem Sohne Stefan.

Dass ungarische Könige ihren ältesten Sohn schon bei Lebzeiten mit der Königskrone schmücken liessen, diente zur

---
[1] Fejér III, 1. 163 ff.

Sicherung der Nachfolge desselben gegen etwaige Ansprüche von Seitenverwandten. Bedenklicher war es, wenn der König denselben auch mit einem selbständigen Verwaltungsgebiete ausstattete und ihm dadurch die Mittel an die Hand gab, seinem Ehrgeize selbst auf Kosten seines Vaters Befriedigung zu verschaffen. Schon Andreas II. machte mit seinem Sohne Bela IV. unangenehme Erfahrungen. Dessenungeachtet liess sich auch Bela als König durch seine Vaterliebe und hergebrachte Anschauungen verleiten, seinen Söhnen eigene Gebiete zuzutheilen.

Seinen ältesten Sohn Stefan, den er, um die Cumanen enger an Ungarn zu ketten,[1] mit einer Angehörigen dieses Stammes vermählte, liess er schon als Knaben zum Könige krönen,[2] verlieh ihm den Titel eines Herzogs von Slavonien, ernannte ihn dann, als er herangewachsen war, zum Herzoge von Siebenbürgen,[3] 1259 zum Herzoge von Steiermark[4] und übertrug ihm, als dieses Land an Ottokar von Böhmen verloren ging, 1260 wieder die Herrschaft über Siebenbürgen und das Cumanenland, wie über andere Theile des östlichen Ungarn.[5]

Des Königs zweiter Sohn Bela erscheint schon 1262 als Herzog von Croatien oder Dalmatien, oder, wie diese Länder nach ihren meist slavischen Bewohnern hiessen, von Slavonien,[6]

---

[1] Dieses Motiv gibt Bela in einem Schreiben an den Papst vom Jahre 1254 ap. Fejér IV, 2, 221 an.

[2] Spätestens 1245 nach Urkunde Belas IV. vom 10. Jänner 1246 ibid. IV, 1, 404; darin wird Stefan auch als dux totius Sclavoniae bezeichnet.

[3] Als Stephanus d. gr. rex primogenitus illustris regis Hungarie et dux Transilvanus urkundet er 1257. Ibid. IV, 2, 434. Mon. Hung. Dipl. 20, 440.

[4] Die Belege in meiner Abhandlung über die steirische Reimchronik und das österreichische Interregnum in Mittheilungen des Instituts für österreichische Geschichtsforschung 4, 58, N. 2.

[5] Stefan urkundet 1260 und 1261 als rex, primogenitus illustris regis Ungarie, dux Transilvanus (Fejér IV, 3, 49, 51. Urkundenb. von Siebenbürgen p. 72. Mon. Hung. Dipl. 7, 322; 8, 4. 5; 12, 524; 13, 5. 8. 11; 26, 505) und vom nämlichen Jahre 1261 an als rex etc., dux Transilvanus et dominus Cumanorum (Mon. Hung. 13, 9.). Aus diesen Urkunden ergibt sich, dass Stefan auch in den Comitaten von Szabolcz, Zemplin, Ungh, Aba Ujvar, Saros, Borsod die Regierungsgewalt innehatte.

[6] Zuerst ein Schreiben K. Belas IV. an den Papst vom 3. August 1262 ap. Theiner, Vetera Monum. Hung. 1, 244. Nach Thomas archidiac.

wenn auch zunächst noch der von seinem Vater ernannte Ban Roland die Verwaltung fortführte. Theils schon damals, theils in den nächsten Jahren wurden ihm auch einige anstossende ungarische Comitate zugewiesen. 1263 schenkte ihm sein Vater die Burgen von Olcha, Baranya, Symegh, Zala, Eisenburg, Oedenburg, Wieselburg, Pressburg und Neutra.[1] 1264 finden wir auch noch die Burg von Vulco oder Vukovár (südöstlich von Essegg) hinzugefügt.[2] Da die genannten Burgen alle Mittelpunkte der gleichnamigen Comitate und Sitze der Verwaltung derselben waren, so dürfte dem jungen Bela auch die Verwaltung übertragen worden sein,[3] so dass er, wie Stefan den Osten, so den Westen des Reiches von der Adria bis über die Donau in seinen Händen hatte.

Vielleicht war es diese Begünstigung des Zweitgebornen, was den ältesten Sohn Bela's IV. erbitterte. Im Frühjahre 1262 finden wir denselben im Aufstande gegen seinen Vater. Schon standen Beide in Waffen einander gegenüber,[4] als in Pressburg ein Friede vermittelt wurde. Die Vertragsurkunde ist leider nicht mehr vorhanden. Doch ergibt sich aus anderen Actenstücken und den Ereignissen der folgenden Jahre, dass Stefan seit 1262 als „jüngerer König' den ganzen Osten des Reiches, einschliesslich der Comitate Bacs und Vukovár mit Siebenbürgen und der Herrschaft über die Cumanen und die Hälfte des Salzerträgnisses erhielt. Beide Könige besassen in ihrer Reichshälfte volle Souveränität; beide hatten ihren Kanzler, Bela den Erzbischof von Gran, Stefan den Erzbischof von Colocsa, beide ihren Vicekanzler, beide ihre eigenen Staats- und Hofbeamten.[5] Es charakterisirt die Stellung beider zu ein-

---

Spalat. cap. 51 ap. Schwandtner 3, 682 hatte der König ihn zum Herzoge daselbst gemacht, quod dominium ei naturali jure competebat, utpote qui secundus erat regis filius.

[1] Theiner, 1, 254 f.
[2] Ibid. p. 272 f.
[3] Diese Annahme wird bestätigt durch eine Urkunde des Herzogs Bela von 1267 zu Gunsten des Grafen Nicolaus, Sohnes des Jula von Siklos, dem er quamdam terram nostri ducatus Bezim vocatam in comitatu Borona (Baranya) ... ex benignitate nostri ducatus schenkt. Fejér IV, 3, 400.
[4] Cont. Sancrnc. II, p. 645 ad 1262. Fejér IV, 3, 67. 68.
[5] Urkunde Stefans vom December 1262 ap. Fejér IV, 3, 69—77. Vergleiche Stefans Urkunden ibid. p. 79. 152 ff. 202 ff. Mon. Hung. Dipl.

ander, dass, obwohl der Pressburger Vertrag feierlich beschworen worden war, doch schon nach einigen Monaten die beiden Erzbischöfe und andere Geistliche in Poroszlo an der mittleren Theiss zusammentreten und dem ersten Vertrage neue Bestimmungen und Erläuterungen hinzufügen mussten. Wieder leistete Stefan einen Eid, dass er bei Lebzeiten seines Vaters sich mit den ihm von diesem zugewiesenen Gebieten und Einkünften begnügen, von ihm nichts weiter fordern, nichts zur Verletzung oder Verkleinerung der Rechte des Reiches oder des Herzogthums seines Bruders Bela unternehmen oder durch seine Barone, Adeligen, Unterthanen oder Cumanen oder auch durch ausländische Könige oder Herzoge, Ruthenen oder Polen oder Andere unternehmen lassen, vielmehr seinem Vater gegen alle inneren oder äusseren Feinde Beistand leisten würde. Wir wissen nicht, ob Bela schon damals ähnliche Versprechungen in Form eines Eides leisten musste. In zwei Punkten gingen jedenfalls beide Theile gleiche Verpflichtungen ein. Wie Stefan gelobte, die Deutschen und Slaven, die zum Herzogthume Slavonien gehörten, und die Böhmen, die bei seinem Vater wären, nicht an sich zu locken, so leistete Bela ein gleiches Versprechen bezüglich der Cumanen, die Unterthanen Stefans waren. Auch wurde mit Rath und Beistimmung der Barone bestimmt, dass, wenn Vater oder Sohn gegen die Bestimmungen des gegenwärtigen Vertrages einen Krieg beginnen oder ein Heer ins Feld schicken wollten, die Erzbischöfe von Gran und Colocsa das Recht haben sollten, gegen den Schuldigen und seine Leute mit Bann und Interdict einzuschreiten.[1]

Bei der Beeidigung dieses Vertrages, welche Stefan am 3. Mai 1263 beim Kloster Zokol vornahm, bezeichnete er seinen Hofkanzler, den Erzbischof Smaragdus von Colocsa, seinen Vicekanzler, den Probst Benedict von Arad, den Palatin Dionysius Grafen von Bacs,[2] den Tavernicus Laurentius, Ban von

---

13, 31. 33. 66—70 u. s. w. Vergleiche Urkunde K. Ladislaus IV. von 1273 ap. Fejér V, 2, 95: dominus rex pater noster tunc gerens terrae Trans-danubialis gubernaculum.

[1] Urkunde Stefans vom December 1262, siehe vorige Note.

[2] Da dies offenbar der Palatin K. Stefans ist, so ist es unrichtig, wenn Fessler-Klein 1, 409 sagt, dass ‚der Palatin und die Reichstage gemein-

Zevrin, den Woiwoden Ladislaus von Siebenbürgen, seinen Hofrichter Baas, Grafen von Gömör, seinen Obersttruchsessen Stefan und seinen Oberstschenken Dominicus oder deren Nachfolger als Diejenigen, welche, falls er der Schuldige wäre, mit ihm excommunicirt werden sollten. Auch neben seinem Vater sollte dessen vornehmste Würdenträger diese Strafe treffen. Als wenn dies noch immer nicht Sicherheit genug für die Heilighaltung dieser Verträge durch die beiden Könige böte, sollten dieselben bis zum 25. Juli auch vom päpstlichen Stuhle bestätigt werden.[1] Aus einem Briefe Bela's IV. an den Papst Urban IV. vom 3. August 1263 erfahren wir, dass dieser auf die Nachrichten von den ungarischen Wirren seinen Caplan Valascus als Nuntius nach Ungarn schickte, der aber erst nach dem Abschluss des Friedens dorthin kam. Bela IV. leistete nun auf Ermahnung desselben in Anwesenheit seiner vornehmsten Beamten einen feierlichen Eid, dass er seinen Sohn Stefan und dessen Gemahlin, wie die Leute und Länder desselben nicht belästigen, kein Heer gegen sie oder ihre Anhänger schicken oder schicken lassen, keine Städte, Burgen oder sonstige Besitzungen derselben occupiren, sondern sich mit dem Theile des Reiches, den er sich vorbehalten, begnügen würde. Auch er unterwarf sich und die Seinigen im Falle eines Vertragsbruches dem Banne und Interdicte.[2]

Trotz der feierlichsten Eide beider Könige und der drohenden kirchlichen Strafen kam aber Ungarn nicht zur Ruhe. Schon Anfangs 1264 war an den Papst die Nachricht gekommen, dass Stefan gegen seinen Vater die Cumanen, Bela gegen jenen die heidnischen Litthauer und andere Nachbarn als Bundesgenossen zu gewinnen suche.[3] Man darf sich darüber um so weniger wundern, da der Papst selbst gegen einige Bischöfe und Prälaten, welche Hüter des Friedens und der Eintracht hätten sein sollen, den Vorwurf erhebt, dass sie Zwistigkeiten säeten und die Könige gegen einander aufreizten.[4] Im

---

schaftlich für beide Reichstheile blieben'. Auch von gemeinschaftlichen Reichstagen findet sich keine Spur.
[1] Urkunde K. Stefans ap. Fejér IV, 3, 160 ff.
[2] Theiner, Vet. Mon. Hung. 1, 244.
[3] Ibid. p. 265. Unter den pagani de Livonia glaube ich die Litthauer verstehen zu sollen.
[4] Ibid. p. 274.

Sommer 1264 wendete sich Bela an den Papst mit Klagen gegen seinen Sohn, der, gestützt auf den Vertrag, wornach sein Vater ihm Siebenbürgen und den Osten Ungarns überliess, seiner Mutter verschiedene Besitzungen in Siebenbürgen, und seiner Schwester Anna, der Witwe Rastislavs von Halitsch, dann Bans von Bosnien und Machow (Macsó) und deren Söhnen Michael und Bela einige ihnen gehörige Burgen und Dörfer weggenommen hatte.[1] Andererseits scheint sich auch Bela Eingriffe in das Gebiet Stefans erlaubt zu haben, indem er seinem jüngeren Sohne Bela im Jahre 1264 neben anderen Burgen auch Vulco oder Vukovár schenkte,[2] während 1262 Stefan daselbst Regierungsrechte ausübte.[3] Es kam zu einem Kriege, der für Stefan einen ungünstigen Verlauf nahm, da viele seiner Grossen ihn verrätherisch verliessen.[4] Stefan sah sich daher genöthigt, seinen Vater um Frieden zu bitten und ihm Ehrfurcht und kindlichen Gehorsam zu geloben.[5] Doch erscheint er auch nach dem Frieden, der am 23. März 1266 abgeschlossen wurde, in seinem Gebiete als vollständig unabhängig und seinem Vater gleichgestellt. Die Versprechungen, welche Stefan leisten muss, unterscheiden sich in nichts von denen seines Vaters. Beide geloben, von den Hörigen der Barone des andern Theiles keine Steuer einzuheben, sie nicht zum Baue von Burgen zu nöthigen, nicht die Stellung von Fuhrwerken zu fordern oder sie mit Einquartierungen zu belästigen. Beide versprechen, die Barone, Edlen oder Unterthanen des Andern mit Ausnahme der Bauern nicht an sich zu locken oder aufzunehmen. Beide stimmen zu, dass der Erzbischof von Gran über die Verletzer des Friedens den Bann ausspreche. Beide Könige beschwören den

---

[1] Theiner 1, 275 f.
[2] Ibid. p. 272 f.
[3] Fejér IV, 3, 79.
[4] K. Stefan belohnt im Jahre 1265 die Verdienste Stefans, des magister agasonum seiner Gemahlin, qui etiam declinantibus a nobis quam pluribus baronibus nostris perfida praevaricatione et praevaricatrice perfidia non sine manifesto proditionis vitio *in expeditione paulo ante habita contra carissimum patrem nostrum* deserentibus castra nostra ... nostris adhaesit obsequiis. Fejér IV, 3, 289 f.
[5] Nos promisimus carissimo patri nostro Bele ... regi Ungarie exhibere in omnibus reverentiam et obedientiam filialom.

Friedensvertrag und bitten wieder den Papst um seine Bestätigung.¹
Und trotzdem wüthet schon ein Jahr darauf der Bürgerkrieg mit nie dagewesener Heftigkeit. Da wir aus dem Ende des dreizehnten Jahrhunderts nur einen ungarischen Geschichtschreiber haben, der aus höfischen Rücksichten alle diese widerlichen Vorfälle mit Stillschweigen überging, so sind wir hierüber ausschliesslich auf gelegentliche Aeusserungen der beiden Könige in Urkunden für ihre Anhänger angewiesen, ohne welche uns ja überhaupt selbst viele der wichtigsten Ereignisse der ungarischen Geschichte unbekannt blieben.

Ueber die Ursachen des neuen Krieges lassen uns auch diese Urkunden ganz im Dunkeln. Wenn Stefan stets über ungerechte Verfolgung von Seite seiner Eltern klagt² und sein Sohn Ladislaus IV. später behauptet, dass Bela denselben des Rechtes der Erstgeburt und der Krone habe berauben wollen,³ so mag die Wahrheit dieser Behauptung dahingestellt bleiben. Aber der Erfolg zeigt, dass diesmal Bela der Angreifer war, und dass er mit grosser Umsicht Alles vorbereitet hatte, um sich den Sieg zu sichern.

Schon am Beginne des Kampfes traten die Cumanen auf die Seite Bela's IV. über und wendeten, geführt vom Woiwoden Ladislaus von Siebenbürgen, der ebenfalls von Stefan abgefallen war, und dessen Bruder Gyula ihre Waffen gegen ihren bisherigen Herrn.⁴ Zwar wurden die Cumanen und die mit

---

[1] In diese Bestätigung P. Clemens IV. vom 27. Juni 1266 sind die Urkunden der beiden Könige inserirt. Theiner 1, 284—287.

[2] Z. B. Fejér IV, 3, 407: cum graves persecutiones per nostros parentes extra meritum nostrum pateremur.

[3] Cum avus noster patrem nostrum investigari faciebat *machinans eum privare iure geniturae et regni diademate spoliare*. Urkunde von 1273 ibid. V, 2, 95 f. Uebrigens sagt auch Stefan selbst in Urkunde von 1270 Mon. Hung. Dipl. 13, 255: quando dura et crudelis persequucio parentum nostrorum nos ex consilio infidelium baronum quorundam regni Hungarie sine culpa nostra extra regnum nostrum voluit effugare cum effectu et *solempnitate nostre corone denudare*.

[4] Urkunde Stefans von 1267 für seinen Janitor Andreas, filius Ivan ap. Fejér IV, 3, 407 ff.: Cum *Ladislaus vojvoda et Gyula frater eiusdem venissent cum Cumanis contra nos* ad partes Transilvanas, qui tamen ... *in fugam sunt conversi*, contra insurgentes nobis arma praetulit. Stefan verleiht ihm ein Dorf, das er den Söhnen des Cumanen Batsholda weggenommen, quia ad praeceptum parentum scilicet Belae IV. et Mariae

ihnen vereinigten Ungarn durch Peter Chak (Csaky), den Ban Mykud und andere Anhänger Stefans bei Deva geschlagen. Als aber Bela IV. ein grösseres Heer unter Führung des Palatins Laurentius, Sohnes des Kemeny, gegen Siebenbürgen schickte, unterwarfen sich auch die Sachsen und andere Bewohner dieses Landes dem älteren Könige. Die Gemahlin Stefans mit ihrem Sohne und ihren Töchtern fielen in der Burg Patak in die Hände der Truppen Bela's und wurden als Gefangene hinweggeführt. Stefan selbst, auch von den meisten seiner Adeligen verlassen, musste sich mit wenigen Getreuen in den äussersten Winkel Siebenbürgens zurückziehen und in die Schwarzburg (Feketehalom) unweit Kronstadt werfen, wo er von dem erwähnten Laurentius belagert wurde.[1] Ein

---

reginae contra nos insurrexerant moventes exercitum. Urkunde K. Ladislaus IV. von 1279 für den Ban Mykud, Bestätigung von Schenkungen seines Vaters Stefan V. an denselben enthaltend, im Cod. dipl. patrius 6, 240: Cum dominus rex Bela ... habito iniquo consilio quorundam baronum suorum ... patrem nostrum de suo regno miserabiliter ad partes Transilvanas effugasset, *exercitum Hungaricum et Cumanicum*, quem idem avus noster ad fugandum patrem nostrum miserat, idem *Mykud banus* et magister Emericus frater eiusdem ac ceteri barones patris nostri *devicerunt*. Urkunde K. Ladislaus IV. für Petrus de genere Chak ap. Fejér V, 2, 95: *Petrus* ex missione patris nostri *sub castro Dewa contra Cumanorum exercitum* viriliter *dimicavit*, quosdam ex iis captivando quosdam autem perimendo triumphalem *reportavit victoriam*. Vergleiche ibid. IV, 3, 413 und die Urkunde K. Stefans von 1268 für den Ban Alexander von Zewrin Mon. Hung. Dipl. 13, 196.

[1] Urkunde Ladislaus IV. für den Ban Mykud in Cod. d. patr. 6, 241 (siehe vorige Note) nach dem Siege über die Cumanen: Et cum idem *rex Bela maiorem exercitum preduce Laurencio filio Kemyni contra ipsum patrem nostrum destinasset* et idem *pater noster* cum praedictis Mykud bano et magistro Emerico ac aliis baronibus suis *in castrum Feketeuholm* vocatum *se inclusisset* etc. Urkunde Stefans V. für den ianitor Andreas, Fejér IV, 3, 407 (vorige Note): Cum claustra *castri Feketeholm* adiissemus derelinquentibus et deserentibus pluribus baronibus et militibus et omnibus nobilibus regni nostri etc. Urkunde Stefans für den magister Pous von 1267 ap. Fejér IV, 3, 410 = Mon. Hung. Dipl. 13, 173: merita ... quae nobis in *castro Feketewygh* existentibus exhibuit ... ita ... quod cum *Laurentius filius Kimini expugnaret contra nos castrum praedictum* etc. Ibid. IV, 3, 486. Urkunde Stefans IV. von 1268 für Burgleute von Bihar: Quum per parentes nostros extra meritum graves persecutiones pateremur et *castrum Feketheuholm* intrassemus *deserentibus nobis baronibus nostris et aliis nobilibus regni nostri fere omnibus*. Urkunde Stefans von 1270 für den Grafen Michael, Sohn des Endre, Mon. Hung. Dipl. 13, 259

Gesandter, den Stefan an seine Eltern schickte, um sie um Gnade zu bitten, fiel in die Hände des Laurentius und wurde an der Fortsetzung der Reise verhindert.¹ Aber hier trat eine Wendung ein. Vor der Schwarzburg wurde Laurentius Kemeny durch den Ban Ponith oder Ponich, der eine kleine Schaar zum Entsatze heranführte, angegriffen und, da gleichzeitig die Besatzung, geführt von Ban Mykud, Peter Csaky und Anderen einen Ausfall machte, geschlagen und gefangen.² Nachdem

---

(vergleiche 255) zur Belohnung seiner Verdienste specialiter tempore persecucionis nostre et miserie, quando . . . dura et crudelis persecucio parentum nostrorum . . . extra terminos terre nostre effectualiter voluit effugare . . . demum *cum omnia castra nostra fere . . . per proditores nostros*, quos fideles esse credebamus, *parentibus nostris*, qui nos capere volebant, *data fuissent*. Vergleiche auch Fejér IV, 3, 468. 527; V, 1, 57. 238; V, 2, 95; VII, 3, 55. Cod. dipl. patr. 6, 153. Mon. Hung. Dipl. 13, 196. 200. 255. 292. 306; 17, 71. Als Palatin wird Laurentius in mehreren Urkunden, die von diesen Ereignissen handeln, bezeichnet, und er erscheint auch als solcher und Graf von Symegh in einer Gerichtsurkunde K. Belas IV. von 1267 (Mon. Hung. Dipl. 8, 156) unter den Beisitzern. — Ueber die Wegführung der Gemahlin und Kinder Stefans siehe Urkunde Ladislaus IV. von 1273 für Peter Csaky ap. Fejér V, 2, 95 ff.: Cum . . . avus noster transmissa armatorum multitudine primum *nos et dominam reginam matrem et sorores nostras* carissimas *de castro Patak educi fecerat et extrahi*. Hier ist später bemerkt, dass *Saxones et alii homines regionis Transilvane* eine Zeit lang auf Seite Belas IV. gestanden. Die Belagerung durch Belas Truppen in der Burg Patak erwähnt auch die Königin Elisabeth selbst in Urkunden von 1270 in Mon. Hung. Dipl. 8, 275.

¹ Dieser Gesandte war Graf Demetrius, Sohn des Endre, nach Urkunden Stefans für denselben von 1270. Mon. Hung. Dipl. 13, 255.

² Urkunde Stefans für den Ban Ponith oder Ponich (wie er abwechselnd geschrieben wird) von 1270 Mon. Hung. Dipl. 22, 6: Cum dominus rex . . . pater noster . . . quorundam baronum infidelium incitacione ad fines regni Hungarie usque ad locum, qui *Feketeuhalm* dicitur, nos transferre cohegisset, nobis in castro predicti montis inclusis et per armatorum multitudinem coharctatis et vallatis, idem *Ponych banus* cum quibusdam suis sociis, licet paucis, . . . tam per potenciam quam per astuciam suam *devicit exercitum baronum infidelium, quo ibidem vallati fueramus et obsessi*, restaurando nobis fiduciam de regni gubernaculo et vita conservanda. Mehrere Urkunden beweisen aber, dass auch die in der Schwarzburg Eingeschlossenen an diesem Kampfe in hervorragender Weise betheiligt gewesen sind. So der Ban Alexander von Zewrin nach Urkunde König Stefans von 1268 für denselben, Mon. Dipl. Hung. 13, 196 f.: Cum demum *ab ipso castro exeundo insultum contra Laurentium palatinum fecissemus . . . sepedictus banus . . . quosdam lancea, quosdam gladio interfecit et multos*

noch ein cumanisches Heer unter Menk durch den Ban Mykud besiegt worden war,[1] wendete sich Stefan, dessen Macht offenbar nach dem ersten Erfolge wieder erstarkte, gegen Westen, besiegte in der Theissebene den Ban Erney oder Irenäus, den ihm sein Vater entgegengeschickt hatte, und nahm auch diesen gefangen.[2] Von hier marschirte er mit seinen Truppen gegen

---

ex hostibus nostris victos nobis duxit et ligatos. Weiter der Ban Mykud nach Urkunden des K. Ladislaus IV. für denselben in Cod. d. patr. 6, 241: dicti *Mykud banus et magister* Emericus ac alii barones ipsius patris nostri *de predicto castro exeuntes cum exercitu avi nostri sub eodem castro viriliter pugnaverunt* et eodem exercitu devicto triumphum laudabilem reportarunt *Laurencium filium Kemyni et alios complures captivando,* et sic ipsum patrem nostrum de predicto castro . . . liberarunt. Siehe weiter Urkunde K. Stefans für den ianitor Andreas, der ihm in die Schwarzburg gefolgt, ap. Fejér IV, 3, 407 ff.: Praeterea quum *contra Laurentium filium Kemeny conflictum haberemus,* ante omnes alios milites nostros se pugnae opponens rectorem vexilli exercitus illius lancea sua prostravit et alios duos bonos milites prosternendo ac *ipsum Laurentium, filium Kemeny, capitaneum dicti exercitus,* persecutorem et maiorem inimicum nostrum et nostrorum *captum* in armis suis et in equo suo cum praedictis tribus militibus *ad nos duxit.* Urkunde Stefans für den Grafen Demetrius Mon. Hung. Dipl. 13, 255: Cum manu bellica *de ipso castro (Feketeholm) descendissemus et cum iniquo Laurencio* ac proditore nostro *bellum commisissemus* etc. Vergleiche Fejér IV, 3, 410 (= Mon. Hung. Dipl. 13, 173); V, 1, 229. 239; V, 2, 95. 169; VII, 4, 136. Mon. Hung. Dipl. 13, 200. Cod. d. patr. 6, 153.

[1] Urkunde K. Ladislaus für Mykud Cod. d. patr. 6, 241: *Post egressum autem eiusdem patris nostri de predicto castro* (Feketenholm) *tercium exercitum Comanicum* eiusdem avi nostri contra patrem nostrum transmissum, *cuius dux Menk Comanus fuerat,* idem *Mykud banus et magister Emericus* ac alii barones predicti patris nostri *devicerunt.*

[2] Ibid. an die vorige Note sich anschliessend: Item *quartum exercitum* predicti avi nostri, *cuius dux Erney banus fuerat, similiter devicerunt.* Urkunde Stefans ap. Fejér IV, 3, 408 für den ianitor Andreas, der nach der Gefangennehmung des Laurentius Kemeny, *cum versus Tyciam direxissemus gressus nostros, in conflictu Erney bani* inter alios milites nostros prostratis multis militibus laudabiles exercuit militias. Urkunde Stefans für den Ban Ponich Mon. Hung. Dipl. 22, 7: et insuper *exercitum Ernerii bani* ex missione predicti patris nostri contra nos venientem *debellavit, adducendo nobis ipsum Ernerium banum* dicti exercitus *capitaneum captivatum.* Urkunde Ladislaus IV. für Peter Csaky ap. Fejér V, 2, 97: Cum *Herney banus* et alii avi nostri barones . . . contra patrem nostrum . . . accessissent, idem *magister Petrus* cum praefato fratre suo (Matheo) huiusmodi praeveniens exercitum ipsum *Ernei banum devictum in praelio captivavit,* ubi ipse lethaliter exstitit sauciatus. Vergleiche Mon. Hung. Dipl. 13, 259. 292; 17, 71. Cod. d. patr. 6, 174.

die Donau. Bei Isaszeg, drei Meilen östlich von Pest, stiess er auf ein neues Heer seines Vaters, geführt von dem Herzoge Bela von Machow, dem Sohne von Bela's IV. Tochter Anna, vom damaligen Palatin Heinrich von Güssing und von dem Oesterreicher Heinrich Preussel, einem ehemaligen Anhänger der Herzogin Gertrud von Oesterreich, der in ungarische Dienste getreten und damals Befehlshaber der Ofner Burg war. Auch hier fesselte Stefan den Sieg an seine Fahnen. Preussel wurde im Kampfe getödtet, der Palatin Heinrich mit zweien seiner Söhne und vielen Anderen gefangen; nur Herzog Bela rettete sich durch die Flucht.[1] Diese Siege nöthigten den König

---

[1] Urkunde Ladislaus IV. für den Ban Mykud, Cod. d. patr. 6, 252: Postmodum autem (nach dem Siege über Erney) *exercitum* dicti avi nostri, *cuius dux Bela, filius domine Anne, dux de Machou fuerat,* quem contra patrem nostrum miserat iterato, *in loco Ilsuazeg* vocato prenominati *Mykud banus et magister Emericus* ac alii barones patris nostri *devicerunt* et laudabilem victoriam optinuerunt, *Herricum banum, tunc palatinum,* et alios quamplures ex hominibus eiusdem avi nostri *captivando, Preuchul* (Preuzul) *Theutonico, tunc rectore castri Budensis,* et aliis quampluribus *captivatis et eciam interemptis.* ... idem *Mykud banus* inibi letalia vulnera est perpessus. Urkunde K. Stefans für seinen ianitor Andreas ap. Fejér IV, 3, 408: Ad haec (nach dem Siege über Erney) *in Ilsuaszeg* in conflictu ... *quo Henricus palatinus cum duobus filiis suis captus fuit.* Urkunde desselben für den magister Pous ibid. p. 410 (= Mon. Hung. Dipl. 13, 173): Cum ... de castro predicto (Feketewyg) *ad partes Danubiales* direxissemus gressus nostros, idem ipse magister Pous *in conflictu,* quem *in Irsuazeg* contra generalem exercitum predicti patris nostri habuimus, hostium cuneos intrepidus penetrando, multis per eundem interemptis, *Johannem filium Herrici palatini ad nos captivatum adduxit.* Urkunde Stefans für Joannes filius Chobanka von 1267 ibid. p. 415: Cum *ad Ilsvaszeg cum Henrico palatino conflictum habuissemus,* ubi *idem cum duobus filiis suis captus* fuit. Vergleiche ibid. p. 345. 346. 468. 486 f. Urkunde Stefans für seinen Oberststallmeister Reynold von 1270 ibid. V. 1, 55 (= Mon. Hung. Dipl. 22, 12): cum ... debellatis et captivatis per nos quibusdam baronibus eorundem parentum nostrorum videlicet Laurentio palatino et Ernerico bano cum toto auxilio nostro super relictum exercitum dictorum parentum nostrorum in locum, qui *Ilsuazeg* dicitur, *versus Danubium* venissemus, ibi aciebus hinc inde astantibus et invicem concurrentibus, idem magister Reynoldus nobis cernentibus ante alios *Herricum banum, principem illius exercitus lancea deiectum captivavit,* ubi in sinistro oculo dictus magister Reynoldus exstitit crudeliter vulneratus. Vergleiche ibid. p. 229. 239. Urkunde Ladislaus IV. für Petrus Csaky ibid. V, 2, 97: Item *in Ilsuazeg,* cum idem pater noster *contra Belam ducem, Prewcilinum, Henricum banum* et alios ipsius avi nostri adiutores

Bela zu einem Frieden, dessen Bedingungen wir leider nicht kennen, der aber jedenfalls die Freilassung der Gemahlin und Kinder Stefans zur Folge hatte, in Beziehung auf die politischen Verhältnisse aber offenbar den früheren Zustand im Wesentlichen wieder herstellte.[1]
Lassen sich die wichtigsten Thatsachen und deren Aufeinanderfolge mit Hilfe der zahlreichen Notizen in den Urkunden König Stefans und seines Sohnes mit ziemlicher Sicherheit feststellen, so ergeben sich chronologische Schwierigkeiten. Fessler-Klein 1, 408—412 verlegt, ohne in den Quellen dafür eine Stütze zu finden, einen Theil dieser Ereignisse, nämlich die Belagerung Stefans in Feketehalom und die Siege über Laurentius Kemeny und den Ban Erney in das Jahr 1262, die Eroberung der Burg Patak und die Wegführung der Gemahlin und Kinder Stefans und den Sieg bei Isaszeg in das Jahr 1267; O. Lorenz, Deutsche Geschichte 1, 309 N. die Schlacht bei Isaszeg vor den Aufstand der Steirer gegen die ungarische Herrschaft, weil es in Urkunde ap. Fejér IV. 3, 408 heisst: in Ilsvaszeg in conflictu, *scilicet ante(!) annum Christi 1259*, quo Henricus palatinus... captus fuit. Die hervorgehobenen Worte sind indessen in einer Urkunde so ungewöhnlich, dass man sie unbedenklich für einen Zusatz eines späteren Abschreibers halten darf. Da in Urkunden König Stefans und seiner Gemahlin Elisabeth für Cosmas de genere Guthkeled ap. Fejér VI. 2, 389. 391 beide mit dem Jahre 1265, dessen Dienste in Feketewholum erwähnt werden und zwei Urkunden desselben Königs ibid. IV. 3, 345. 346, worin auf das Treffen mit dem Ban Erney und die Schlacht bei Isaszeg hingewiesen wird, im

---

et barones conflictum haberet, idem magister Petrus, licet antea transfossus lancea et sectus gladio militare non valeret, mori tamen pro patre nostro et nobis elegit potius quam etc. ... in quo quidem conflictu, *Bela duce effugato et Prewcelino interfecto, Henricus banus cum filiis* et complicibus suis exstitit *captivatus*. Vergleiche ibid. VII, 3, 55; VII, 4, 137. Mon. Hung. Dipl. 13, 256. 260. 292; 17, 71; 22, 8. Cod. d. patr. 6, 154, 166, 174.

[1] Urkunde Stefans von 1270 Mon. Hung. Dipl. 22, 8: in *Ilsuazeg* ... *victor extitimus, recuperantes nobis clausis per hoc apercionem domine regine consortis nostre karissime tunc una cum filio nostro duce Ladizlao in captivitate permanenti absolucionem*, et aliis nobis adherentibus fiduciam apud nos permanendi.

Drucke das Datum 1266 tragen, so läge es am nächsten, diesen Krieg zwischen Bela IV. und seinem Sohne in das Jahr 1265 zu setzen und ihn durch den Frieden vom März 1266 beendet werden zu lassen. Allein eine österreichische Quelle ersten Ranges, die fast gleichzeitig geschrieben und auch in Beziehung auf Chronologie sehr verlässlich ist, die sogenannte Historia annorum 1264—1279 M. G. SS. 9, 650, berichtet, in Beziehung auf das Thatsächliche mit den ungarischen Urkunden übereinstimmend, zum Jahre 1267: In tempore eiusdem anni Bela rex Ungarie contra filium suum regem Stephanum misit exercitum. Qui subito a rege Stephano vincitur et oppugnatur. Et magna occisa hominum multitudine ex eodem nichilominus exercitu potenter quosdam comites captivavit. Igitur iam dictus rex Bela ira succensus suffususque verecundia de tanta filii victoria, rursus cogit et ad arma vocat exercitum. Cui audacter rex occurrit Stephanus ... patris exercitum vice altera in fugam vertit et in congressu belli alios occidit, alios cum palatino regis Bele captivos abduxit. Porro rex Stephanus eodem anno de patre suo laudabiles quater triumphi titulos reportavit, suorum tamen non modica cum iactura. Auch die Cont. Claustroneob. IV, ibid. p. 647 bringt zum Jahre 1267 die Notiz: Eodem anno occisus Hainricus Pruzelo (Preussel) per manum Stephani regis Ungarie, traditus perfidia et dolo nequiter Ungarorum. Da nun die Hauptmasse der Urkunden, worin auf diese Ereignisse Bezug genommen wird, doch erst in das Jahr 1267 oder noch später fällt, so möchte ich in den vereinzelten Stücken, welche das Datum 1265 und 1266 tragen, und die uns nur in den nicht sehr verlässlichen Drucken bei Fejér vorliegen, einen Druck- oder Schreibfehler vermuthen und den Krieg mit den österreichischen Annalen in das Jahr 1267 setzen. Im Sommer dieses Jahres war er jedenfalls beendet, denn am 20. Juli 1267 macht K. Bela IV. eine Schenkung an den Grafen Thomas de genere Churla, und zwar theilweise mit Berücksichtigung der Verdienste, welche sich dessen Bruder, der Erzbischof Philipp von Gran, um ihn erworben hat. Dabei wird namentlich hervorgehoben, dass er bei den wiederholten Zerwürfnissen Belas mit seinem Sohne Stefan se mediatorem, ymo qua scutum et murum interposuit et sic post multos labores et angustias inter nos et ... filium nostrum pacis ordinans federa, nos et regnum nostrum ad statum quietis et tranquillitatis

... reducere studuit frequencius.[1] Wäre damals der Friede nicht schon hergestellt gewesen, würde Bela schwerlich in solcher Weise sich ausgedrückt haben.

Vom Jahre 1267 an scheint der Friede zwischen den beiden Königen nicht weiter gestört worden zu sein, wozu vielleicht am meisten beitrug, dass Bela's IV. Lieblingssohn Bela, Herzog von Croatien und Dalmatien, im Jahre 1269 starb und dessen Herzogthum nun auch seinem Bruder Stefan verliehen worden zu sein scheint.[2] Aber ein wahrhaft gutes Verhältniss konnte doch nach Allem, was zwischen ihnen vorgegangen war, kaum mehr hergestellt werden. Auch ihre politischen Anschauungen gingen offenbar weit auseinander. Bela IV. hatte systematisch das Bürgerthum und das deutsche Element begünstigt. Von Stefan dagegen kennen wir vor 1270 fast gar keine Verfügung in dieser Richtung, und vielleicht gerade deswegen sind die Sachsen Siebenbürgens 1267 von ihm abgefallen und auf die Seite seines Vaters übergetreten. Bela hatte, als seine Versuche, einen Theil der babenbergischen Besitzungen an sich zu bringen, definitiv gescheitert waren, offenbar die Absicht, mit Ottokar von Böhmen freundschaftliche Beziehungen zu unterhalten. Stefan dagegen richtete seine Augen nach einer ganz anderen Richtung. Bezeichnend ist in dieser Beziehung das Bündniss, das er im September 1269 mit Karl von Anjou, dem Könige von Sicilien schloss. Dieser versprach ihm seine Unterstützung gegen alle Fürsten, Barone, Ritter und Alle, die seine Feinde wären, namentlich gegen alle Deutschen und die Anhänger der Deutschen, die ihm (Stefan) auf vier Tagreisen nahe wären, und gegen Alle, welche eines seiner Länder ihm zu nehmen oder gegen ihn aufzureizen suchen würden. Nach der letzten Bestimmung war das Bündniss offenbar in erster Linie gegen Stefans Vater Bela IV. gerichtet.[3] Was Bela von seinem Sohne erwartete, zeigt ein Brief, den er von seinem Krankenlager an Ottokar von Böhmen, den Gemahl seiner

---

[1] Mon. Hung. Dipl. 13, 162.
[2] K. Karl von Sicilien nennt diesen in Urkunden vom September 1269 dux Transilvanie et *Sclavonie* etc. Fejér IV, 3, 510 ff.
[3] Fejér IV, 3, 508. O. Lorenz, Deutsche Geschichte 1, 317 N. versteht hier unter den Theotonici die Siebenbürger Sachsen. Aber ein Bündniss mit dem Könige von Sicilien gegen diese wäre doch gar zu auffallend.

Enkelin, richtete und worin er diesen bat, er möge nach seinem Tode seine Gemahlin und Tochter, dessen Schwiegermutter und alle ihm treu gebliebenen Barone, wenn sie zu ihm seine Zuflucht nähmen, väterlich empfangen und ihnen, wenn sie in sein Gebiet kämen, mit Rath und That beistehen.[1]

IV.
Ungarns innere Verhältnisse unter Ladislaus IV.

Die dürftigen Quellen werfen leider nur hie und da ein grelles Streiflicht auf die Geschichte Ungarns unter den letzten Königen aus dem Hause der Arpaden. Aber sie genügen doch, um uns die damaligen Zustände als sehr traurige erscheinen zu lassen.

Stefan V. hatte nach dem Tode seines Vaters Bela IV., der am 3. Mai 1270 erfolgte, keinen Rivalen neben sich, der ihm die Herrschaft hätte streitig machen können. Auch fand seine Regierung in Folge seines frühen Todes schon nach zwei Jahren ein Ende, so dass es begreiflich ist, wenn wir von inneren Unruhen unter ihm wenig erfahren. Aber am Anfange und am Ende seiner Herrschaft steht ein Ereigniss, welches zeigt, wie es auch in Ungarn unter ihm gährte. Unmittelbar nach dem Tode seines Vaters floh seine Schwester Anna, die Witwe Rastislavs von Machow, zu ihrem Schwiegersohne Ottokar von Böhmen, indem sie einen Theil des Kronschatzes, eine Krone, ein Schwert und andere Kleinodien mit sich nahm, und mit ihr begaben sich auch einige Magnaten, darunter Heinrich von Güssing, Ban von Slavonien, und sein Sohn Johann zum böhmischen Könige, indem sie sich und ihre Besitzungen unter dessen Schutz stellten.[2] Im Sommer 1272 endlich entführte der Ban von Slavonien, Joachim Pectari, einen der Söhne des

---

[1] Palacky, Ueber Formelbücher S. 268.
[2] Friedensvertrag zwischen Stefan V. und Ottokar II. vom Juli 1271 ap. Theiner, Vet. Mon. Hung. 1, 295 ff. Urkunde Stefans V. vom März 1271 ap. Fejér V, 1, 98 = Mon. Hung. Dipl. 22, 40. Urkunde desselben von 1272 für die Söhne des Hans Osl ap. Fejér l. c. 235, besser im Cod. d. patr. 6, 184 und Ladislaus IV. von 1273 Mon. Hung. Dipl. 22, 73.

Königs, welcher sich bei der Verfolgung durch übermässige Anstrengung um den Anfang des August [1] den Tod holte. [2] Kamen schon unter einem Könige, dem es an Energie offenbar nicht fehlte, solche Gewaltthaten vor, so musste man sich nach seinem Hinscheiden auf noch Aergeres gefasst machen, da von seinen beiden Söhnen Ladislaus und Andreas der ältere erst zehn Jahre zählte. [3] Ladislaus IV. wurde noch Ende August 1272 in Stuhlweissenburg zum Könige gekrönt, während seine Mutter Elisabeth, die Cumanin, die vormundschaftliche Regierung übernahm. Noch vor der Krönung veranstaltete eine der Königin abgeneigte Partei bei Stuhlweissenburg einen Tumult, wobei die Aufrührer sogar bewaffnet in das Haus der Königin eindrangen, wo es zu Blutvergiessen kam. [4] Um dieselbe Zeit erregten einige Grosse, Joachim, Sohn

---

[1] Ein Condolenzschreiben des K. Karl von Sicilien vom 5. September 1272 in Mon. Hung. Dipl., Acta extera 1, 36.
[2] Schreiben K. Ottokars II. an Stefan V. Tochter Katharina von Serbien ap. Erben-Emler 2, 368: Cuius (comitis Joachim) detestanda perfidia faciente felicis memorie olim rex Stephanus pater vester, dum filium suum ab eodem Joachimo subreptum per investigacionis cite laboriosam festinanciam cuperet rehabere, ac eciam propter dolorem et inconsuete fatigacionis onus falce crudelis fati exstitit interemptus. Dass der entführte Sohn Andreas gewesen sei, wie die ungarischen Historiker annehmen, ergibt sich daraus nicht.
[3] Als zehnjährig beim Tode seines Vaters bezeichnet ihn die Cont. Vindob. M. G. SS. 9, 704 ad 1272. Nach Urkunden Mon. Hung. Dipl. 13, 33 war er 1262 geboren. Wenn nach Urkunde ap. Fejér IV, 3, 138 Bela IV. dem Boten, der ihm die Nachricht hievon gebracht, zur Belohnung hiefür erst 1263 ein Gut schenkt, so kann dies auch etwas später geschehen sein.
[4] Urkunde der Königin Elisabeth für den Grafen Dominicus, Sohn ihres Hofrichters Peter Csaky, pro effusione pro nobis sui cruoris, cum *quidam infideles* incole regni nostri *apud Albam ante tempus coronacionis ... filii nostri regis Ladislai* contra nostram excellenciam *manu armata insurgentes*, idem gladium cuiusdam armati, qui prius in nostre maiestatis domum ausu temerario irruerat, de manu eiusdem arripiens mortis poterat subdere periculo, nisi aliorum sceleratorum et armatorum manus obstitissent, letale vulnus accepit et ibidem semivivus relictus ... vix corporis recepit sanitatem. Fejér V, 2, 131. Fessler-Klein 1, 423 bezieht hieher die Notiz einer späteren Urkunde des K. Ladislaus ap. Fejér V, 2, 426: cum per Fintha palatinum captivati fuissemus. Allein damals fungirte als Palatin wohl noch Mois, der diese Würde unter Stefan V. bekleidet hatte. Fintha kann ich vor 1280 als Palatin überhaupt nicht

des verstorbenen Ban Stefan, Nicolaus und Gregor, Söhne des verstorbenen Grafen Paul, und Roland, Sohn des Mark, einen Aufstand, wobei namentlich die im Stuhlweissenburger Comitat gelegenen Besitzungen des Michael, Sohnes des Peter Csaky, verwüstet wurden. Roland zog sich dann in die Zipser Burg zurück, wo er durch den Grafen Botyz belagert und unter Vermittlung der Herzogin Kunigunde von Polen, Schwester Ladislaus IV., zur Unterwerfung bewogen wurde.[1] Es hängt jedenfalls mit diesen Parteiungen zusammen,[2] dass Aegydius, Magister tavernicorum oder Schatzmeister, und Graf von Pressburg, ein Günstling Stefans V., aus Furcht vor der Königin und ihren Anhängern mit seinem Bruder Gregor, der bisher Schatzmeister der Königin und Graf des Eisenburger Comitats gewesen war,[3] zum Könige von Böhmen floh, ihm Pressburg und andere Burgen, deren er sich bemächtigt hatte, überlieferte und demselben seine Dienste anbot. Obwohl Ottokar erst vor einem Jahre im Frieden mit Stefan V. auf das Feierlichste versprochen hatte, keine ungarischen Ueberläufer mehr ins Land zu lassen, so nahm er doch jetzt die flüchtigen Magnaten mit offenen Armen auf, schenkte dem Aegydius Laa, Korneuburg,

---

nachweisen. Die erwähnte Urkunde gehört übrigens wegen der Person des Vicekanzlers und der Regierungsjahre wahrscheinlich in den Februar 1275 nicht 1278.

[1] Urkunden K. Ladislaus IV. von 1275 ap. Fejér V. 2, 238, 248. In der ersteren werden die dissensiones ac variorum in regno nostro dissidia discriminum, an denen Roland betheiligt war, in die Zeit nach dem Tode Stefans V. und der Thronbesteigung seines Sohnes gesetzt. Vergleiche auch die etwas verdächtige Urkunde ibid. V, 3, 274.

[2] Timens reginam et Ungaros, sagt die gut unterrichtete Cont. Vind. p. 704 ad 1272. Dagegen ist es in den Quellen nicht begründet, wenn Fessler-Klein 1, 422 f. den Aegydius, weil er durch Elisabeth und deren Günstling Joachim Pectari ebenso wie andere verdiente Männer seines Amtes entsetzt worden, in Verbindung mit dem Palatin Finta (der sich in dieser Zeit nicht findet) und Anderen vor der Krönung in den königlichen Palast zu Stuhlweissenburg eindringen und König und Königin gefangen setzen lässt. Auch die Ernennung des Joachim Pectari zum Schatzmeister und der sonstige Beamtenwechsel erfolgte nicht gleich nach dem Tode Stefans V. Noch am 17. und 27. November und 1. December 1272 finden wir Joachim als Ban von Slavonien, dagegen Erney als Magister Tavernicorum, welche Stelle Joachim zuerst in Urkunde vom 2. December bekleidet. Cod. d. patr. 7. 137. Fejér V, 2, 48—57.

[3] Als Inhaber dieser Würden finden wir Beide sehr oft in Urkunden Stefans V.

Stockerau und andere Ortschaften mit einer jährlichen Einnahme von 2000 Mark und gab ihm noch eine Summe baren Geldes. Diese auffallende Begünstigung eines Verräthers lässt kaum einen Zweifel darüber, dass Ottokar durch denselben weitgehende Ziele, vielleicht den Sturz des jungen Königs und die Erhebung seines Schwagers Bela von Machow zu erreichen strebte. Dagegen kehrte jetzt Heinrich von Güssing, ein alter Feind des Aegydius, obwohl er in Böhmen die Tochter eines dortigen Adeligen, des Smil von Lichtenburg, geheiratet hatte, nach Ungarn zurück und söhnte sich mit der Königin und der herrschenden Partei aus. Vielleicht war es Hass gegen den Böhmenkönig, vielleicht hatte er wirklich Gelegenheit gehabt, die Pläne desselben genauer kennen zu lernen, genug, noch im Jahre 1272 gerieth er mit dessen Schwager Bela von Machow, der beschuldigt wurde, dass er den König Ladislaus zu entthronen und die Herrschaft über Ungarn an sich zu reissen suche, in Streit und hieb ihn auf einer Insel bei Pest, wahrscheinlich der Hasen- oder Margaretheninsel, in Stücke.[1] Die blutige That wurde nicht blos nicht bestraft, sondern Heinrich durch die Ernennung zum Ban von Slavonien belohnt.[2] Die Folge war ein Krieg zwischen Böhmen und Ungarn, während dessen Aegydius, seinen Verrath bereuend, wieder in seine Heimat zurückkehrte und Pressburg, das Ottokar reichlich mit Lebensmitteln versehen hatte, den Ungarn überlieferte.[3] Doch eroberte Ottokar im Spätsommer und Herbste 1273 einen grossen Theil des westlichen Ungarns zu beiden Seiten der Donau und hielt, ohne dass der Krieg durch einen Frieden ein Ende gefunden hätte, die wichtigsten Grenzpunkte durch mehrere Jahre besetzt.

---

[1] Die genauesten Nachrichten über die Flucht des Aegydius und die Rückkehr Heinrichs von Güssing bringen die Cont. Vindob. l. c. p. 704 und Herm. Altah. M. G. SS. 17, 407. Nach letzterer Quelle war Heinrich selbst der Mörder Belas, während erstere sagt: ex cuius consilio et auxilio ... ab Ungaris est occisus. Vergleiche Cont. Lambac. und Claustroneob. VI. M. G. SS. 9, 561. 744. Heinrici Heimburg. Ann. ibid. 17, 715.

[2] Zwischen 20. April und 12. Mai 1273 nach Urkunden Mon. Hung. Dipl. 22, 79. 85.

[3] Cont. Vindob. l. c. ad 1273. Es ist wohl derselbe Aegydius, den wir zuerst in der Urkunde vom 12. Mai 1273 (siehe vorige Note) als Ban von Machow und Bosnien finden.

Wir sind leider über die inneren Zustände Ungarns in dieser Zeit noch schlechter als gewöhnlich unterrichtet. Aber so viel lassen doch gelegentliche Notizen in den Urkunden erkennen, dass sie geradezu an Anarchie streiften. Wie es scheint, erhoben sich schon am Beginn der Regierung des Königs Ladislaus IV. die Croaten, welche der König sogar beschuldigt, dass sie sich seiner Herrschaft ganz entziehen wollten.[1] In Ungarn selbst war es nicht besser. Auf die Regierung übte, wie es scheint, schon in dieser Zeit den grössten Einfluss Joachim Pectari, welcher auch die Würde eines obersten Schatzmeisters seit December 1272 ununterbrochen innehatte. Dagegen ist in den anderen höchsten Aemtern ein steter Wechsel. Als Palatin erscheint von Ende November 1272 bis zum Frühjahr 1273 Lorand oder Roland, im Mai 1273 wiederholt Laurentius, der schon in der letzten Zeit Bela's IV. und wieder im

---

[1] Mit Urkunde vom 24. April 1281 belohnt er Dienste des Bans Peter, Sohnes des Grafen Benedict, in compescendis Croatis et hominibus Transdravanis, qui se de iurisdictione nostra volebant alienare, ipsos potencie nostre reducendo et restituendo. Mon. Hung. Dipl. 22, 329 f. Wörtlich gleichlautend in Urkunde von 1281 für den Ban Peter und seinen Bruder Kemen ibid. 17, 292. In einer leider lückenhaften Urkunde für denselben Peter von 1283 ibid. 22, 386 heisst es: Cum Joachinum tunc banum tocius Sclavonie ... et ipsum Petrum banum una cum eodem ad coercendas seu compescendas ferocitates Croatice gentis, qui elata obstinacione contra nostre maiestatis culmen cum quibusdam — — — fortiter insurrexissent, idem Petrus bánus ... ut miles strennus in adversam irruens aciem dira et immania — —. Joachim ist Ban von Slavonien unter Stefan V. und noch nach der Thronbesteigung Ladislaus IV. bis zum 1. December 1272 (Fejér V, 2, 51) und dann noch einmal 1276 (ibid. p. 334 ff.). Dass seine Sendung gegen die Croaten während der früheren Verwaltung des Banates erfolgte, wird dadurch wahrscheinlich, dass in der letzterwähnten Urkunde die Verdienste des späteren Bans Peter im Kampfe gegen die Croaten mitten zwischen seinen Kämpfen zur Wiedereroberung der von den Böhmen und Oesterreichern im Frühjahre 1273 eroberten Städte Tyrnau und Raab, die von den Ungarn zunächst rasch wieder eingenommen wurden, erwähnt werden. Vergleiche Urkunde von 1279 ap. Fejér VII, 5, 593 für den Grafen Prusa und seinen Bruder Guecho wegen der Dienste, que nobis in etate tenera constitutis in diversis expeditionibus nostris ... impenderunt et nobis semper ... adheserunt tempore discriminis, variantibus et disturbantibus baronibus regni nostri, propter quod universi populi ipsorum in regno Sclavoniae constituti per continuos insultus et bella intestina baronum inter se dimicantium destructi fuerant penitus et dispersi. Ihre Güter lagen im Kreuzer Comitat.

ersten Regierungsjahre Ladislaus IV. diese Würde bekleidet hatte, dann vom 24. Juni bis Ende October wieder Roland, endlich vom 19. December 1273 an Dionysius. Als Judex curiae oder Hofrichter des Königs finden wir in der angegebenen Zeit Alexander, Ladislaus, Oguthius und Nicolaus, als Woiwoden von Siebenbürgen Nicolaus, Johann und wieder Nicolaus.[1]

Wahrscheinlich Ende 1273 brachen nicht blos zwischen den ungarischen Magnaten Kämpfe aus, sondern es kam auch zu einem förmlichen Bruche zwischen dem jungen Könige, der freilich nur ein Werkzeug der Grossen gewesen sein kann, und seiner Mutter Elisabeth. Die Partei der Königin unterlag. Mehrere Anhänger derselben, darunter Graf Laurentius, Sohn des Kemeny, welcher, weil er durch seine Feinde beim Könige angeschwärzt worden war, mit seinen Söhnen sich der Königin-Mutter angeschlossen hatte, verloren ihre Güter. Elisabeth selbst ward einige Zeit im Schlosse Turul gefangen gehalten. Doch war Ende Jänner 1274 der Friede zwischen dem Könige und seiner Mutter wieder hergestellt, wobei namentlich bestimmt worden war, dass die aus Anlass dieser Kriege weggenommenen Besitzungen wieder zurückgestellt und der angerichtete Schaden vergütet werden sollte.[2]

Kaum war dieser Zwist beigelegt, als ein neuer Bürgerkrieg ausbrach. Im Herbste 1274 entführten der Oberstschatzmeister Joachim Pectari und der Ban von Slavonien, Heinrich von Güssing, mit anderen Grossen den Herzog Andreas, jüngeren Bruder des Königs, um ihn diesem entgegenzustellen. Ladislaus IV. selbst und seine Mutter wurden durch die Aufständischen bei Ofen eingeschlossen. Doch sammelten sich auch

---

[1] Nach den Urkunden K. Ladislaus IV. ap. Fejér V, 2. Mon. Hung. Dipl. 17 und 22. B. etc.

[2] Nach Urkunden des K. Ladislaus IV. für Laurentius Kemeny vom 23. Jänner 1274 ap. Fejér V, 2, 148 und VII, 5, 391 = Mon. Hung. Dipl. 22, 98. Der König erwähnt darin, der Feind des menschlichen Geschlechtes habe inter barones regni Hungarie necis seminarium et bellum intestinum ... verum et inter nos ... et dominam reginam matrem nostram ... discidium ... et gravium guerrarum materiam erweckt. Nach Urkunde der Königin Elisabeth vom 2. Juli 1274 ap. Fejér V, 2, 217 war dieselbe baronum nostrorum quorundam perfidia captiva in castro Turul in eius (Andreae comitis de Bana) custodia gewesen.

die Getreuen des Königs, wie es scheint unter Anführung Peters, Grafen von Oedenburg und Symegh, Sohnes des Matthäus aus dem Geschlechte der Csaky. Es kam zu einer Schlacht beim Dorfe Fuen oder dem Berge Bukensomla, in welcher der Ban Heinrich den Tod fand. Die Besitzungen des Joachim Pectari und wohl auch anderer Verräther wurden confiscirt.[1]

---

[1] Ottokar von Böhmen sagt in einem Schreiben an die Königin Katharina von Serbien ap. Erben-Emler 2, 368 (das aber nicht vor den 26. September 1274, sondern frühestens in das Jahr 1275 fällt), von Joachim Pectari: *dominum A. iuniorem regem Ungarie abduxit* et zyzanie lolium seminans inter fratres sua procuracione partes in dissonas scissum fuit regnum Ungarie et deventum est ad rigidi martis certamina, ita, ut inter germanitatis iunctos federe naturalique fibula copulatos hostiliter pugnaretur. K. Ladislaus IV. schenkt mit Urkunde aus den letzten Monaten des Jahres 1274 (weil regni anno tercio) ap. Fejér V, 2, 206 dem Grafen Laurentius, Sohne des Peter, ein Gut Malcha, das ihm heimgefallen per infidelitatem et crimen lese maiestatis, quam et quod *magister Iovachinus in traducendo ducem Andream, fratrem nostrum* carissimum, in nostram et regni nostri iniuriam. Demselben Laurentius stellt K. Ladislaus mit Urkunde vom 30. September 1274 (Mon. Hung. Dipl. 22, 88) eine ihm früher entzogene Besitzung im Eisenburger Comitat zurück wegen der von ihm geleisteten Dienste specialiter *in conflictu*, quem *cum Henrico, Ioachino et aliis eorum sequacibus* regni nostri infidelibus, qui collectis suis complicibus vexillis elevatis contra coronam regiam ausu temerario venire attemptaverant, pugnaturi, *apud montem Bukensomla* vocatum habuimus; *in quo quidem conflictu idem Henricus, primipilarius exercitus eorundem infidelium*, morte miserabili per nostros fideles *extitit interemptus*. 1274 December 31 bestätigt K. Ladislaus IV. dem Peter Csaky comes Supruniensis et Symigiensis ein Privileg wegen seiner Hingebung, quod nobis specialiter tunc exhibuit, quando *nos et domina regina, mater nostra karissima per Herricum banum* et alios sibi adherentes corone regie utique infideles *detenti fuimus apud Budam*, ac demum *in conflictu* habito circa *villam Fuen* contra eosdem infideles, in quo quidem prelio ipse magister Petrus in facie sua maximam plagam sustinuit, *ubi idem Herricus banus* per sepedictum magistrum Petrum in prelio victus *vitam finivit*. Mon. Hung. Dipl. 17, 73. 1279 verleiht K. Ladislaus dem Grafen Johann filius Ysyph ein Gut wegen seiner Dienste, besonders *cum Herricus banus* cum quibusdam suis fautoribus levatis vexillis cum multitudine armatorum *in Fuen* contra nostram maiestatem insurrexisset. Cod. d. patr. 3, 28. Nach Urkunde vom 2. December 1274 Mon. Hung. Dipl. 22, 111 hat K. Ladislaus die sagittarii regales de comitatu Castri ferrei ihrer Besitzungen beraubt, weil sie sich zur Zeit seines Vaters mit Heinrich, Ban von Slavonien, zum Könige von Böhmen begaben et demum cum eodem *Herrico et filiis* ac fautoribus suis, *qui ducem Andream fratrem nostrum* karissimum *rapere et exercitum ducere contra coronam regiam* ac

Der Aufstand muss ganz plötzlich ausgebrochen, die Ereignisse sehr rasch aufeinander gefolgt sein. Denn noch am 25. September 1274 finden wir Dionys als Palatin, Heinrich als Ban von Slavonien, Joachim als Magister Tavernicorum, Nicolaus als Hofrichter, einen andern Nicolaus als Woiwoden von Siebenbürgen.[1] Am 30. September sind alle diese Aemter mit anderen Persönlichkeiten besetzt,[2] erscheint als Palatin Roland, der diese Würde schon in den vorhergehenden Jahren innegehabt hatte, als Ban von Slavonien Dionys, vielleicht der frühere Palatin, vielleicht dessen gleichnamiger Sohn, da jener 1275 als verstorben bezeichnet wird,[3] als Magister tavernicorum Aegydius, vielleicht der Schatzmeister Stefans V., als Hofrichter Erney, vielleicht derselbe, der Ende 1272 das Amt des Schatzmeisters bekleidet hatte, als Woiwode von Siebenbürgen Matthäus, vielleicht Jener, der Ende 1272 und Anfangs 1273 Ban von Slavonien gewesen war. Ja in der Urkunde von diesem Tage wird bereits das Gefecht am Berge Bukensomla und der Fall Heinrichs von Güssing erwähnt. Die tiefer liegenden Ursachen dieses Aufstandes des Johann Pectari und Heinrich von Güssing bleiben uns leider vollständig unbekannt.[4]

---

hastam dirigere contra personam non sunt veriti, infidelitatem ... commiserunt. Dagegen halte ich die Urkunde K. Ladislaus IV. von 1274 ibid. 9, 39, worin es heisst: Herrico bano, qui ablato fratre nostro duce Andrea et infidelitatem committendo se transtulit ultra Drawam, für unecht, weil unter den Zeugen trotzdem Herricus banus tocius Sclavonie angeführt ist.

[1] Cod. d. patr. 6, 199 f. Mon. Hung. Dipl. 22, 90 ff.
[2] Urkunde Mon. Hung. 22, 88.
[3] Nicolaus et Dionisius filii Dionisii quondam palatini. Cod. d. patr. 7, 156.
[4] O. Lorenz, Deutsche Geschichte 2, 156 f. nimmt an, dass der Schwiegervater des Königs Ladislaus, Karl von Sicilien, den Einfluss des Joachim Pectari zu vernichten suchte, weil dieser auf eine Verbindung des ungarischen Königshauses mit dem deutschen Könige Rudolf hinarbeitete und ein erklärter Gegner Ottokars von Böhmen war, während Karl von Anjou am böhmischen Könige ein erwünschtes Gegengewicht gegen den römischen König erblickte, und dass Joachim nun dem Könige Ladislaus seinen Bruder Andreas entgegenzustellen suchte. Allein so richtig und scharfsinnig dies auch bemerkt ist, so spricht doch dagegen, dass in den Mon. Hung. Dipl., Acta extera 1. B., wo die auf ungarische Geschichte bezüglichen Actenstücke der Anjouanischen Regesten abgedruckt sind, aus dem Jahre 1274 keine Spur einer Verbindung Karls mit Ungarn sich findet.

Die Anarchie in Ungarn fand auch nach der Unterdrückung dieser Empörung kein Ende. ‚Die ungarischen Edlen haben viele Räubereien und Mordthaten gegen einander begangen', berichtet ein Mönch von Klosterneuburg zum Jahre 1275 in trockener, aber vielsagender Weise.[1] Und wenn wir die Listen der höchsten ungarischen Beamten in diesem Jahre ansehen, so erhalten wir dazu eine Illustration, wie man sie sich greller nicht denken kann. Wir finden im Jahre 1275 drei verschiedene Palatine, ebenso viele oberste Schatzmeister, ja sogar fünf Hofrichter.[2] Und wieder erscheinen einige der höchsten Beamten an einem Aufstande gegen den König betheiligt, ohne dass dies ihrer späteren Laufbahn nachtheilig ist.[3] Auch der im Jahre 1274 als Hochverräther verurtheilte

[1] Cont. Claustroneob. VI, p. 744: in Ungaria multa spolia et occisiones nobilium vicissim sunt commissa.

[2] Abgesehen von den Urkunden, die nur das Jahr, nicht das Tagesdatum haben, erscheint als Palatin Roland 1274 September 30 und December 2, 29 und 31, dann 1275 Januar 29, März 24, April 3 und Juni 4; Petrus 1275 Februar 10 und December 2, 4 und 10; Nicolaus 1275 Juni 17, Juli 11, August 11, September 22 und 27 und dann 1276 August 9; als Judex curiae der Ban Erney 1274 September 30 und December 29 und 31; Dionys 1275 Januar 29; Thomas 1275 März 24, April 3 und Juni 4; Nicolaus 1275 Juni 17, Juli 11, August 11, September 22 und 27; Ugrinus in Urkunden ohne Tag; als Magister tavernicorum Aegydius 1274 September 30, December 2, 29 und 31; 1275 Januar 29, März 24, April 3 und Juni 4; Matthäus 1275 Februar 10 und December 2, 4 und 10; Joachim 1275 Juni 17, Juli 11, August 11 und 12, September 22 und 27. Aehnlich ist es mit den Banen von Slavonien und den Woiwoden von Siebenbürgen. Fejér V, 2, 218. 232. 238. 243. 252. 265. 267. 277. Mon. Hung. Dipl. 17, 73. 113—116; 22, 88. 111. 131—143. 150.

[3] 1275 September 27 belohnt K. Ladislaus Dienste des Nicolaus, Sohnes des Martin, darunter: cum pridie *magister Mois, Ugrinus et complices eorundem* ... contra nos et nostros *in Frowen* ... elevato vexillo irruere voluissent (Fejér V, 2, 268). Der Titel magister bezeichnet einen hohen Beamten. Wahrscheinlich ist Moys derselbe, den wir unter Stefan V. als Palatin, vom Anfange 1274 bis Sommer 1275 theils als Magister tavernicorum domino regine, theils als Grafen von Simegh und im Jänner und März 1276 als Judex curiae, Ugrinus derselbe, den wir 1275 als Ban von Zevrin, als Judex curiae, als Woiwoden von Siebenbürgen, von 1277 an längere Zeit als Magister tavernicorum finden. Es läge nahe, statt Frowen Fuen zu lesen und diesen Aufstand mit jenem des vorigen Jahres zu identificiren. Allein der Wortlaut der Urkunde lässt doch eher Moys und Ugrinus als Hauptanstifter erscheinen. — 1276 Februar 9 belohnt

Joachim Pectari kam im Frühjahre 1275 wieder empor und erhielt das Comitat von Pilis und dann im Sommer[1] nicht blos die Würde eines Schatzmeisters wieder, sondern erlangte auch einen massgebenden Einfluss auf den jungen König,[2] was übrigens doch für einige Zeit eine gewisse Ordnung in den ungarischen Verhältnissen zur Folge gehabt zu haben scheint.

Fallen die Unruhen, welche Ungarn während der Minderjährigkeit Ladislaus IV. zerrütteten, selbstverständlich den unbotmässigen Magnaten zur Last, so wird man den König von der Anklage, an den späteren Wirren wenigstens mitschuldig gewesen zu sein, unmöglich freisprechen können.[3]

Von einer Cumanin geboren, zeigte Ladislaus schon früh grosse Vorliebe für dieses Volk, das auch in Ungarn in seiner grossen Mehrheit an seinen hergebrachten Sitten festhielt, ein unstätes Nomadenleben führte, das Christenthum verachtete

---

der König Dienste maxime in praesenti guerra et conflictu, quem habuimus contra nostros infideles, coram nostris oculis etc. (Fejér V, 2, 331). Nach Urkunde des Königs vom 20. Januar 1276 (Mon. Hung. Dipl. 22, 700) hat Myke, Sohn des Grafen Martin de genere Jaak in expeditione cum Juachino nostra et societate sua infidelibus nostris iuxta aquam Zala in villa Stephand habita den Demetrius filium Booth de Inke gefangen, der dann als Verräther hingerichtet wird.

[1] Zwischen 4. und 17. Juni Fejér V, 2, 243 f. Mon. Hung. 17, 114, nicht schon vor dem 9. März, wie O. Lorenz 2, 157 annimmt. Denn die Urkunde ap. Fejér p. 235 gehört wie andere bei Fejér mit dem Jahre 1275 nicht in das Jahr 1275, sondern 1274, wie die ganze Beamtenreihe, namentlich aber der Umstand darthut, dass noch der Hofkanzler Paul als Bischof von Veszprim und Briccius als Bischof von Csanad vorkommen, während schon am 10. Februar 1275 Gregor als Chanadiensis und Petrus als Wesprimiensis electus erscheinen (Fejér p. 232). Früher, am 3. April 1275, finden wir Ioachim als Grafen von Pilis (Fejér V, 2, 238).

[2] Idem (Joachimus) eciam in praesenti ... L. dominum illustrem regem Ungarie suo regimini sic addixit, ut praefatus rex nil nisi iuxta ipsius Ioachimi arbitrium audeat operari, sagt K. Ottokar in seinem schon mehrfach erwähnten Schreiben ap. Erben-Emler 2, 368.

[3] Da auch für diese Zeit einheimische Aufzeichnungen vollständig fehlen, so sind wir auf die dürftigen Notizen der Ann. S. Rudberti Salisburg. (M. G. SS. 9) ad 1278—1286 angewiesen, die der steirische Reimchronist Cap. 261—267 in seiner Weise ausgeschmückt hat. Werthvoller sind die Urkunden aus dem vaticanischen Archiv, die am vollständigsten bei Theiner, Vet. Mon. Hung. 1, 327 ff. mitgetheilt sind. Auch in ungarischen Urkunden finden sich wieder manche Notizen.

und die Besitzungen der ungarischen Grossen und Kirchen überfiel, wobei zahllose Christen in die Sklaverei weggeführt wurden. Obwohl der Papst im Herbste 1278 den Bischof Philipp von Fermo als Legaten nach Ungarn schickte, vermochte er doch keine dauernden Erfolge zu erzielen, da ihm der König Hindernisse bereitete. Ja Ladislaus begab sich nun selbst in die Mitte der Cumanen, nahm ihre Lebensweise an und vergass über einer cumanischen Buhlerin seine Gemahlin, die Tochter Karls I. von Neapel. Als der Legat über Ungarn das Interdict, über den König selbst den Bann aussprach, liess ihn dieser im Jahre 1280 festnehmen und in die Hände der Cumanen liefern. Dagegen wurde nun Ladislaus von seinen Grossen gefangen gesetzt und erst wieder freigelassen, als er im August 1280 dem Legaten Genugthuung leistete und die Ausführung aller Versprechungen gelobte, die er dem Legaten früher einmal gemacht hatte.[1] Das strenge Vorgehen gegen die Cumanen bewirkte aber, dass nun diese, geführt von ihrem Stammeshaupte Oldamur, im Jahre 1282 gegen den König sich erhoben. Da schien sich endlich Ladislaus zu ermannen. Vom Herzoge Albrecht von Oesterreich mit Hilfstruppen unterstützt, besiegte er die Cumanen in einer blutigen Schlacht am See Hood[2] und zwang sie zur Unterwerfung, so weit sie nicht vorzogen, mit Zurücklassung ihrer Familien und ihrer Habe zu den nogaischen Tataren zu fliehen.[3] Im Bunde mit diesen

---

[1] Die Gefangennehmung und spätere Freilassung erwähnen auch die Ann. Colmar. major. M. G. SS. 17, 207 und die Ann. Polon. ibid. 19, . . ., beide ad 1281, und die Urkunde der Königin-Mutter Elisabeth vom Jahre 1282 ap. Fejér V, 3, 128.

[2] Nach Podhradczky in Note zum Chron. Bud. p. 207 nicht der gleichnamige See bei Klausenburg, sondern nordöstlich von Szegedin.

[3] Keza ap. Endlicher, Mon. Arpad. p. 122 f. ohne Jahr, Marci Chron. ed. Toldy p. 103 = Chron. Bud. p. 207 = Thurocz ap. Schwandtner 1, 151 mit dem Jahre 1282, die Ann. S. Rudb. Salisb. p. 808 dagegen zu 1283. Doch wird das Jahr 1282 sichergestellt durch die Urkunde Ladislaus IV. (quando generalem conflictum in Houd habuimus) Mon. Hung. 17, 329 mit a. 1282 regni nostri decimo und auch in Urkunde vom 10. März 1283 Cod. d. patr. 6, 289 ff. ist der Aufstand der Cumanen schon erwähnt. Dagegen ist in Urkunde Mon. Hung. Dipl. 17, 276 statt m. cc. octogesimo, tercio idus Maii zu lesen m. cc. octogesimo tercio, id. maii, da Indiction und Regierungsjahr mit 1283 stimmen, und auch im Abdrucke der Urkunde ap. Fejér V, 3, 31 mit dem Jahre 1280 wohl ein Fehler sein wird. Die Kämpfe gegen die aufständischen Cumanen werden auch erwähnt in

unternahmen sie nach Neujahr 1285 einen Einfall in Ungarn, verheerten das Land bis gegen Pest und bis an die Grenze der Zips in entsetzlicher Weise und tödteten tausende von Männern, Weibern und Kindern oder schleppten sie als Gefangene hinweg. Doch erlitten sie theils durch die Angriffe der tapferen Bewohner Siebenbürgens, theils durch die Einflüsse der Witterung sehr grosse Verluste und sahen sich zum Rückzuge gezwungen.[1]

Allein mit der Unterwerfung der Cumanen hörten die inneren Wirren in Ungarn nicht auf. Während seiner ganzen Regierung hatte König Ladislaus mit einzelnen Magnaten zu kämpfen,[2] ohne dass wir klar sehen, auf welcher Seite die grössere Schuld lag. Im Jahre 1282 wendete sich der Graf Matthäus, wahrscheinlich der frühere Palatin, der 1278 bei Dürnkrut das ungarische Heer geführt hatte, nachdem der König seinen Bruder hatte verhaften lassen wollen und dieser der Ausführung nur durch Selbstmord zuvorgekommen war, mit anderen Grafen und Magnaten sogar an den römischen König Rudolf.[3] Doch blieben die Habsburger dem Bunde, den sie 1278 mit dem ungarischen Könige geschlossen hatten, unverbrüchlich treu.

Die hervorragendste Stelle unter den ungarischen Grossen nahmen in der zweiten Hälfte der Regierung Ladislaus IV. Johann oder Iwan und Nicolaus, die Söhne jenes Heinrich von Güssing, Bans von Slavonien, ein, der im Kampfe gegen den König 1274 seinen Tod gefunden hatte. Ihre Besitzungen dehnten sich auf dem rechten Ufer der Donau längs der österreichischen und steirischen Grenze von Pressburg südwärts fast bis

---

den Urkunden sp. Fejér V, 3, 166. 207. 215. 223. 237. 250. 259. 274. 279. 348. 353. 355. 410. 452. Mon. Hung. 9, 264; 10, 2.

[1] Ueber den Einfall der Tataren Cont. Vindob. p. 713. Ann. S. Rudb. Salisb. p. 809 (darnach Ottokars Reimchronik c. 252 f.) Ann. Colmar. maior. M. G. SS. 17, 212. Herm. Altah. Cont. Altah. ibid. p. 414. Heinrici Heimburg. Ann. ibid. 718. Marci Chron. = Chron. Bud. = Thurocz l. c. Vergleiche die Urkunden des K. Ladislaus bei Fejér V, 3, 279. 282. 301. 394. 399. 410 f. 452; VII, 2, 110. Mon. Hung. 9, 277; 10, 2; 17, 466.

[2] Wir finden Hinweisungen darauf in zahlreichen Urkunden dieses Königs.

[3] Ann. S. Rudb. Salisb. ad 1282. M(atthäus) urkundet noch am 25. August 1282 als palatinus, comes Posoniensis, Sopron., Simigh. et index Cumanorum. Mon. Hung. Dipl. 9, 243.

zur Raab aus.¹ Von den beiden anderen, wahrscheinlich jüngeren Söhnen Heinrichs, Peter und Heinrich, hatte sich Ersterer dem geistlichen Stande zugewendet und ward im Sommer 1275 Bischof von Veszprim.² Wie Joachim Pectari, erhielten auch die Söhne Heinrichs von Güssing nach kurzer Zeit die Gunst des Königs wieder. Am 3. April 1275 finden wir unter den Würdenträgern Joannes et Nicolaus bani totius Sclavoniae, Ersterer ohne Zweifel der Güssinger.³ Vom Beginne des Juni an bis Ende September erscheint Johann allein als Ban von Slavonien,⁴ gleichzeitig Nicolaus als Ban von Croatien und Dalmatien oder banus maritimus, dessen Gewalt sich speciell auf die dalmatinischen Seestädte erstreckte, übrigens nicht der Güssinger, da er als seinen Vater einen Ban Stefan bezeichnet.⁵ Zur Zeit des Krieges, den der ungarische König 1278 im Bunde mit Rudolf von Habsburg führte, stand Iwan von Güssing auf Seite des Reichsfeindes. Während König Ottokar Oesterreich von Norden angriff, verheerte er auf Betreiben des böhmisch gesinnten Wiener Bürgers Paltram vor dem Friedhofe die österreichisch-steirischen Grenzgebiete südlich von der Donau.⁶ Dagegen bekleidet sein Bruder Nicolaus schon im Mai 1278 die Würde eines Bans von Slavonien,⁷ und er behauptet sie dann, wie es scheint, ununterbrochen bis zum Jahre 1281. Auch Johann oder Iwan ward unter Vermittlung des päpstlichen Legaten Bischofs Philipp von Fermo spätestens Anfangs 1279 wieder zu Gnaden angenommen.⁹ Ja zwei Jahre darauf

---

¹ Vergleiche die Urkunde über die Gütertheilung zwischen Johann und Nikolaus von 1279 ap. Fejér VIII, 3, 321.

² Am 3. April 1275 wird das Bisthum Veszprim als erledigt bezeichnet, am 4. Juni erscheint Petrus electus et consecratus Vesprim. episcopus. Fejér V, 2, 240. 245. Dass dieser Peter ein Bruder Iwans von Güssing war, sagt unter Anderen die Cont. Vindob. p. 715 ad 1289.

³ Fejér V. 2, 240.

⁴ Ibid. p. 244—270.

⁵ Ibid. p. 291. Mon. Hung. Dipl. 22, 244.

⁶ Ann. S. Rudb. Salisb. p. 802.

⁷ Am 24. Mai 1278 hält er als solcher in Agram eine congregatio regni Sclavonie generalis. Fejér V, 2, 498.

⁸ Nach Urkunde des K. Ladislaus IV. vom 4. März (1279) Cod. d. patr. 1, 73 hat er, cum habito colloquio seu tractatu cum . . . Philippo episcopo Firmanensi apostolice sedis legato filios Henrici bani in nostram recollegissemus graciam specialem, ihnen und Anderen den Besitz ihrer rechtmässig erworbenen Besitzungen gewährt. Da Nicolaus schon früher

finden wir ihn sogar als Palatin,[1] obwohl unmittelbar vorher, am 25. März 1281, der Bischof Timotheus von Agram über die Söhne Heinrichs von Güssing, Johann, den Ban Nicolaus und Heinrich wegen ihrer Erpressungen und Verwüstungen, deren sie sich auf den Besitzungen seiner Kirche schuldig gemacht hatten, feierlich den Bann ausgesprochen, und darauf hin der Erzbischof Lodomer von Gran Ende April allen Gläubigen befohlen hatte, die genannten Söhne des Güssingers zu meiden, bis sie der Agramer Kirche Genugthuung geleistet und die Lossprechung erlangt hätten.[2] Lange scheint allerdings Johann die Würde eines Palatins nicht bekleidet zu haben. Aus dem Jahre 1282 fehlen Zeugnisse über den Inhaber derselben. Aber am 15. April 1283 wird Matthäus als Palatin genannt.[3]

Am Anfange des Jahres 1284 stehen die Güssinger im offenen Kampfe gegen den König. Nach Neujahr griff Ladislaus IV. mit einem zahlreichen Heere von Ungarn und Cumanen Johanns Feste Bernstein, westlich von Güns, an. Mehrere Wochen lag er vor dieser Burg. Aber von den Seinigen lässig unterstützt, musste der König ohne Erfolg abziehen.[4] Wird Nicolaus neben Johann von Güssing ausdrücklich vom Könige als ‚Ungetreuer‘ bezeichnet,[5] so muss dieser nach kurzer Zeit

als Ban von Slavonien sich findet, so dürfte hier neben Johann noch dessen Bruder Heinrich gemeint sein.

[1] In Urkunden von 1281 ohne Tag und vom 21. September 1281. Fejér V, 3, 98 = Mon. Hung. Dipl. 17, 312. Ibid. 17, 321. In der ersteren Urkunde wird er ausdrücklich als filius quondam Herrici bani bezeichnet. Sein Vorgänger als Palatin war 1280 und noch 1281 Fintha. Ibid. 17, 269. Fejér l. c. p. 80 ff.
[2] Mon. Hung. Dipl. 22, 336.
[3] Ibid. 17, 360.
[4] Cont. Vindob. p. 712 ad a. 1284. K. Ladislaus urkundet sub castro Perinstain oder Porustian am 10. Januar, am 6. und 16. Februar (o. J.) ap. Fejér V, 3, 460 und VII, 2, 228 und Cod. d. patr. 6, 301, wodurch die Angabe der Cont. Vindob.: post nativitatem domini bestätigt wird. In Urkunde vom 28. Juli 1284 C. d. patr. 6, 204 wird der Fall eines Ungarn sub castro Peresteyan erwähnt. 1287 belohnt K. Ladislaus den Gregor, Sohn Emerichs de genere Osl, der, cum sub castro Perystien fuissemus cum omni exercitu regni nostri super infideles nostros filios Henrici bani, videlicet Johannem et Nicolaum, mit zwei Verwandten gefangen worden. Mon. Hung. Dipl. 22, 455.
[5] Letzte Urkunde der vorigen Note.

des Königs Gunst wieder erhalten haben. Denn schon am 6. Juli 1284 urkundet derselbe als ‚Palatin und Graf von Pressburg'.¹ Das Amt des Palatins hat er dann wenigstens zwei Jahre lang innegehabt.² Aber auch sein Bruder Johann erfreute sich nicht geringerer Auszeichnung von Seite des Königs. 1285 finden wir ihn als Ban von Slavonien, also in derselben Stellung, welche früher sein Bruder Nicolaus innegehabt hatte.³

Aber auch diesmal war das gute Verhältniss zwischen dem Könige Ladislaus und den mächtigen Güssingern nur ein vorübergehendes. Leider ist das Licht, welches die dürftigen Quellen über diese Wirren verbreiten, noch spärlicher als gewöhnlich. Wenn die gleichzeitig geschriebenen Salzburger Annalen zum Schlusse des Jahres 1285 in lakonischer Weise berichten: ‚Der König von Ungarn hat über mehrere Grafen, die seine Gegner waren, triumphirt,⁴ so bleiben wir über die Personen der Aufständischen ganz im Ungewissen. Dieselbe Quelle erzählt aber dann zum Jahre 1286, der ungarische König Ladislaus habe zu einem Feldzuge gegen Iwan (von Güssing) ein grosses Heer gesammelt, doch sei dieser noch früher von einem der vornehmeren Grafen angegriffen worden, vor welchem er die Flucht ergriffen und sich auf seine beste Burg zurückgezogen habe; hier sei er belagert worden, aber endlich durch die Flucht entkommen; nach seinem Entweichen sei die Burg eingenommen, sehr viele deutsche Söldner daselbst getödtet, Iwans Brüder lange in Haft gehalten worden. Dadurch erklärt sich, dass im October 1286 ein neuer Palatin in der Person Mokians, zugleich Grafen von Oedenburg, Wieselburg und

---

¹ Mon. Hung. Dipl. 9, 267.
² Fejér V, 3, 260. (wo aber das ‚in' vor kalend. Jauuariis aus einer Zahl verdorben sein muss) 308. 329. Cod. d. patr. 7, 189. 196. Mon. Hung. Dipl. 17, 427. Dass es der Güssinger war, zeigt der wiederholt sich findende Zusatz: filius Heinrici quondam bani totius Sclavonie. 1285 nennt der König den Palatin Nicolaus dilectus et fidelis noster. C. d. patr. 7, 196.
³ Am 16. Juni 1285 besiegelt Johannes banus eine Urkunde seines Bruders, des Palatins Nikolaus. Mon. Hung. Dipl. 17, 427. Auch in Urkunde des Königs Ladislaus vom 26. November 1284 erscheint Johannes banus filius Henrici. Ibid. p. 385. Aber das Datum scheint irrig, da der damalige Bischof von Veszprim Peter und nicht Bartholomäus geheissen hat.
⁴ Ann. S. Rudb. Salisb. p. 810 ad 1285.

Symegh erscheint,[1] also der Güssinger Nicolaus entsetzt ist. Da Ende Juli noch Nicolaus, Sohn des Bans Heinrich, als Palatin und zugleich als ‚Lieber und Getreuer' des Königs bezeichnet ist,[2] so muss das Zerwürfniss mit den Güssingern in die zweite Hälfte des Jahres 1286 fallen. Aus anderen Urkunden erfahren wir, dass auch Opur, der frühere Woiwode von Siebenbürgen, mit den Güssingern im Bunde gewesen ist, und dass die Feinde des Königs sich namentlich der Burg von Pressburg bemächtigt haben, dass ihnen aber diese wieder entrissen worden ist. Am 2. März 1287 schenkt K. Ladislaus dem Grafen Karl, Sohne Alexanders, ein Dorf auf der Insel Schütt zur Entschädigung dessen, quae in captivatione sua, in ablatione rerum suarum nec non occupatione castri sui per Opour de genere Peech est perpessus, und zur Belohnung seiner Dienste, quae idem Karolus, cum dictus Opour esset in castro Poson. et vellet destruere provinciam ipsius castri, idem Karolus una cum suis sociis se fortunae casibus cum paucis contra multos opponendo, ubi frater suus lethaliter extitit vulneratus, multos de militibus dicti Opour captivando et quam plures occidendo, idem Opour gravi vulnere sauciatus manus suas vix evasit. Postmodum turrem castri Posonien. Weprech vocatam, nostrae restituens maiestati etc.[3] Am nämlichen Tage verlieh der König mehreren Burgmannen von Pressburg den Adelsstand mit Rücksicht auf ihre Dienste in recuperatione castri nostri Posoniensis, quod per Nicolaum palatinum, filium Herrici bani, occupatum violenter contra nostram detinebatur maiestatem.[4] Am 25. Januar 1287 belohnt Ladislaus IV. die Dienste des comes Johannes filius Petri de comitatu Posoniensi und erwähnt namentlich: Cum Opwr woyvoda diversis infidelitatum generibus immo cciam crimine lese maiestatis repletus regnum nostrum et specialiter provinciam comitatus Posoniensis miserabiliter devastaret, idem comes Johannes collectis viribus consanguineorum et suorum proximorum suorum (!) contra eundem insurgens levato . . . in orrendam desolacionem regni nostri procedentem exercitu victoriam nobilem, licet non modica cede

---

[1] Fejér V, 3, 333.
[2] Ibid. p. 329.
[3] Ibid p. 342.
[4] Ibid. p. 345 und VII, 2, 113. Cod. d. patr. 2, 18.

suorum mediante, de eodem reportavit. Castrum eciam Posoniense per eundem Opur auxilio et execrabili consilio filiorum Henrici, infidelium regni nostri specialium, obsidione facta non modica captum et detentum idem comes Johannes ... laudabili sagacitate recuperatum personaliter ad nos accedens nostre reddidit potestati. Zur Belohnung dieser Dienste und zum Ersatze des Schadens, der ihm von Opur und seinen Genossen durch Verbrennung seiner Burgen Turna und Nyek zugefügt worden, schenkt ihm der König quoddam predium filiorum Henrici Modur (Modern) vocatum, situm in comitatu Posoniensi, ... propter infidelitates suas manifestas ab ipsis filiis Henrici auferendo.[1]

Nach den angeführten Urkunden ist Pressburg dem Woiwoden Opur und den mit ihm verbündeten Güssingern durch die Anhänger des Königs wieder entrissen worden, und zwar vor dem 25. Januar 1287. Dadurch werden aber die Angaben österreichischer Annalisten über die Eroberung Pressburgs durch Albrecht I. von Oesterreich im Jahre 1287 geradezu räthselhaft. Die Cont. Vindob. p. 714 meldet nämlich zu 1287: A. d. 1287 Albertus dux Austrie collecto exercitu cum Stiriensibus et Australibus intravit Ungariam et obsedit Bosonium. Cives autem cum communi consilio tradiderunt ei civitatem; castrum vero expugnavit et posuit homines suos in eo. Und Heinrich von Haimburg berichtet: 1287 ... Albertus dux contra comitem Ywanum pugnavit.[2] Man könnte nun wohl vermuthen, Herzog Albrecht habe als Verbündeter des ungarischen Königs Pressburg den Güssingern und deren Freunden entrissen, die ungarische Kanzlei aber das Verdienst hievon den Leuten des Königs, nicht aber den Fremden zugeschrieben. Aber sollte wirklich Albrecht einen Winterfeldzug gegen die Güssinger unternommen haben, da Pressburg diesen oder dem Woiwoden Opur schon vor dem 25. Januar 1287 entrissen worden ist?

Noch grössere Schwierigkeiten bietet ein anderer Punkt. Nach den ungarischen Urkunden ist die Burg von Pressburg dem Könige übergeben worden. Nach der Cont. Vindob. dagegen hat Herzog Albrecht dieselbe mit seinen Leuten besetzt,

---

[1] Mon. Hung. Dipl. 22, 461.
[2] M. G. SS. 17, 718.

und dass dies richtig ist, wird durch eine Bestimmung des am 28. August 1291 zwischen dem Herzoge Albrecht und dem ungarischen Könige Andreas III. geschlossenen Friedens bestätigt, wornach Albrecht die dem Könige gehörigen Burgen, nämlich die Burg Pressburg mit der Stadt und die Burg Tyrnau zurückgeben sollte.[1]. Hat etwa König Ladislaus das dem Woiwoden Opur entrissene Pressburg trotz der Theilnahme der Güssinger an der Empörung des Jahres 1286 Einem von diesen übergeben und Albrecht von Oesterreich, der ja auch 1289, ohne sich um den ungarischen König zu kümmern, den Güssingern eine ganze Reihe von Burgen und Ortschaften westlich und südwestlich vom Neusiedlersee weggenommen hat, es ihnen dann im Jahre 1287 entrissen? Dass König Ladislaus den Güssingern bald nach ihrem Aufstande nicht blos wieder Verzeihung gewährt, sondern sie auch mit der Fülle seiner Gnaden überhäuft hat, ist ausser Zweifel. Denn in einer chronologisch nicht näher bestimmten Urkunde aus dem Jahre 1287 nennt sich Nicolaus, doch wohl der Güssinger, ‚Palatin, Graf von Oedenburg und Richter der Cumanen'.[2] Anfangs Juni desselben Jahres erscheint Johann als Palatin und Graf von Oedenburg und von seinen Söhnen einer, Nicolaus, als Ban, ein anderer, Gregor, als oberster Truchsess des Herzogs von Slavonien, des späteren Königs Andreas III.[3] Nur haben wir auch hier wieder einen raschen Wechsel bei den höchsten Würdenträgern, wie wir dies auch in früheren Jahren wiederholt beobachtet haben. Noch am 1. Juli und am 1. August 1288 wird Johannes filius Henrici bani als palatinus, comes Supreniensis in Urkunden erwähnt,[4] Nicolaus, filius Henrici bani, also sein Bruder, als Banus.[5] In einer Urkunde vom Jahre 1288 ohne Tagesangabe erscheint Omodeus als Palatin und Graf von Wieselburg.[6] Am 8. September 1289 urkundet Nico-

---

[1] Lichnowsky 2, CCLXXVIII.
[2] Fejér V, 3, 385.
[3] Ibid. p. 387. Gregor, magister dapiferorum domini ducis totius Sclavoniae, urkundet und erwähnt dabei Nicolaus banus, frater noster und Joannes palatinus, comes Suppruniensis, pater noster charissimus. Ueber diese Urkunde siehe übrigens unten Seite 214.
[4] Cod. d. patr. 7, 206. Fejér V, 3, 442.
[5] Fejér l. c. 441.
[6] Mon. Hung. Dipl. 17, 481.

laus als Palatin, Graf von Symegh und Richter der Cumanen,[1] und schon in einer Urkunde des Königs vom Tage darauf wird Reinold als Palatin erwähnt.[2] Es hängt dies vielleicht mit den inneren Wirren zusammen, von welchen Ungarn in der letzten Zeit der Regierung Ladislaus IV. heimgesucht wurde. Auch jetzt setzte der König den Verkehr mit fremden Buhlerinen fort, begünstigte deren Landsleute, die Cumanen, und die in bedeutender Zahl in Ungarn wohnenden Tataren trotz ihres mohammedanischen Glaubens und sah ihnen alle Gewaltthaten nach. Seine Gemahlin Elisabeth von Neapel, die vorübergehend im Jahre 1284 einen sehr grossen Einfluss auf die Regierungsgeschäfte ausgeübt zu haben scheint,[3] brachte er einige Zeit darauf im Nonnenkloster auf der Margaretheninsel zwischen Ofen und Pest in Haft, wobei sie am Nothwendigsten Mangel gelitten haben soll.[4] Wiederholt wendete sich der Erzbischof Lodomer von Gran mit lebhaften Klagen über die ungarischen Zustände an den Papst.[5] Endlich drohte Honorius IV. im März 1287 dem Könige mit der Verhängung kirchlicher Strafen, ja sogar mit der Veranstaltung eines Kreuzzuges gegen die von ihm beschützten Heiden, Tataren und anderen Mohammedaner.

---

[1] Fejér V, 3, 481 und VII, 5, 484.
[2] Mon. Hung. Dipl. 22, 479.
[3] Siehe die Urkunden derselben ap. Fejér V, 3, 210—226.
[4] Wir sind leider auch hiefür hauptsächlich auf die päpstlichen Bullen von 1287—1291 ap. Theiner, Vet. Mon. Hung. 1, 353 ff. angewiesen, die O. Lorenz, Deutsche Geschichte 2, 482 nicht für unparteiisch hält. Einzelnes mag ja auch übertrieben sein. Allein das ausschweifende Leben des Königs wird durch einheimische und fremde Chronisten: Marci Chron. p. 103 = Chron. Bud. p. 208 = Thurocz p. 152, Ann. S. Rudb. Salisb. ad 1281, die Reimchronik c. 381 und 382 und die Ann. Polon. ad 1281 bestätigt. Die spoliatio ecclesiae nostrae per regem Ladislaum et suos Neugaros (nogaische Tataren?) erwähnt die Urkunde des Capitels der Zipser Kirche von 1285 ap. Fejér V. 3, 306. Von ihrer Gefangenhaltung (non modico temporis spacio sub arcta custodia quasi in carceris ergastulo) spricht die Königin selbst in mehreren Urkunden aus den Jahren 1289 und 1290 ap. Fejér V, 3, 462 (= Cod. d. patr. 6, 343); VII, 2, 125 (= Cod. d. patr. 4, 73) und 127. Mon. Hung. Dipl. 9, 341. Die Zeit ihrer Gefangenschaft lässt sich leider nicht feststellen. Erwähnt wird sie in der päpstlichen Bulle vom 12. März 1287. Doch kenne ich von der Königin nach 1284 keine Urkunde mehr bis zum Jahre 1288.
[5] Theiner 1, 374. Dies hat O. Lorenz 2, 485 f. übersehen.

Wenn auch die betreffenden Bullen [1] wegen des gleich darauf erfolgenden Todes des Papstes nicht abgeschickt wurden, so unternahmen doch auch die Cardinäle wenigstens Schritte, um die Befreiung der Königin und die Zurückgabe der ihr vorenthaltenen Einkünfte zu erwirken. Sie wendeten sich zu diesem Zwecke am 2. August 1287 an den Erzbischof Lodomer von Gran, dem sie auch die Bulle übersendeten, welche Honorius IV. bereits vorbereitet hatte. Es ist bezeichnend für die Parteistellung in Ungarn, dass das Cardinalscollegium gerade die vier Güssinger, den Bischof Peter von Veszprim, Johann, Nicolaus und Heinrich aufforderte, dem Graner Erzbischofe zur Befreiung der Königin Hilfe zu leisten. [2]

Diese Actenstücke wurden auf einer Reichsversammlung, welche wahrscheinlich Anfangs December 1287 in Ofen gehalten wurde, vorgelesen, und die anwesenden Prälaten, Barone und Adeligen beschlossen, dass der Königin die ihr gebührenden Einkünfte eingeantwortet werden sollten. Widerspänstige Beamte und deren Unterthanen bedrohte der Erzbischof von Gran mit dem Interdicte. [3] Einige Zeit darauf leistete der König selbst bei Gran das Versprechen, ‚seine vergangenen Uebertretungen wieder gut zu machen', [4] und er scheint nun namentlich den Kirchen Rechte und Einkünfte, die er ihnen in letzter Zeit entzogen hatte, wieder bestätigt zu haben. [5] Allein sei es, dass die Besserung des Königs den Bischöfen nicht genügend schien, oder dass man unterliess, hievon nach Rom zu berichten; der neue Papst Nicolaus IV., der nach fast einjähriger Sedisvacanz zum Nachfolger Honorius IV. gewählt worden war, liess am 8. August 1288 die von seinem Vorgänger vorbereiteten Bullen an den ungarischen König und den Erzbischof von Gran wörtlich gleichlautend unter seinem eigenen

---

[1] Theiner 1, 353—356.

[2] Fejér V, 3, 363. Das Schreiben der Cardinäle stimmt mit der entsprechenden Bulle Honorius IV. vielfach wörtlich überein.

[3] Schreiben Lodomers an den Bischof von Siebenbürgen vom 6. December 1287 ibid. p. 364 mit dem falschen dat. in festo b. Oswaldi st. Nicolai. F. Rer. Austriac. Dipl. 15, 140.

[4] Urkunde des K. Ladislaus IV. vom 21. März 1288 ap. Fejér V, 3, 412, wornach er versprach resipiscere praeteritis nostris de transgressionibus.

[5] Fejér V, 3, 402 ff.

Namen ausfertigen.¹ Wieder fand in der zweiten Hälfte des Juni 1289 eine allgemeine Reichsversammlung in Fuen statt, wo ‚über die Ordnung und Verbesserung des ganzen Zustandes des Reiches' berathen und auch eine Aussöhnung des Königs mit seiner Gemahlin bewirkt wurde.²

Aber schon im folgenden Frühjahre beklagt sich der Papst wieder, dass der ungarische König die Gebräuche (ritus) der Tataren, Saracenen, Neugerier und Heiden (Cumanen) angenommen habe und zum Schaden des Glaubens und zum Verderben seines Reiches mit denselben enge verbunden sei, dass er seine Gemahlin von sich entfernt habe, dass in Folge dessen die Ruhe des Reiches gestört, die Rechte der Kirchen usurpirt, die Güter der Gutgesinnten vielen Plünderungen und Verheerungen preisgegeben seien, die kirchliche Freiheit mit Füssen getreten werde und die Zwistigkeiten im Reiche vervielfacht seien.³ Dass es an Aufständen auch nach dem Reichstage des Juni 1289 nicht fehlte, sieht man daraus, dass der König am 4. November dieses Jahres allen denen, welche gegen seine Majestät sich vergangen haben und zur Treue gegen ihn zurückkehrten, Amnestie verspricht.⁴

Die steirische Reimchronik erzählt,⁵ die ungarischen Herren hätten es ihrem Könige vor Allem übel genommen, dass

---

¹ Theiner 1, 357—359.
² Die generalis congregacio tocius regni nostri in Fuen a. d. 1289 circa festum b. Johannis Baptiste celebrata erwähnt die Königin Elisabeth in Urkunde von 1290 Mon. Hung. Dipl. 17, 527, dieselbe Reichsversammlung in Fuen erwähnt auch die Herstellung eines besseren Verhältnisses zu ihrem Gemahle in Urkunde von 1289 Mon. Hung. Dipl. 9, 341. Ladislaus selbst stellt mit Urkunde ddo. prope Fuen in vigilia b. Joannis Baptiste 1289 einen dem Erzbischofe von Gran lange vorenthaltenen Zehnten zurück urgente nos conscientia in convocatione et parlamento publico regni nostri. Fejér VII, 5, 481. Tertio die post festum nativitatis b. Joannis Baptistae a. d. 1289 in Hawen (?Fuen?) erneuert K. Ladislaus die Verleihung eines Gutes in congregatione nostra generali cum archiepiscopis et episcopis ecclesiarum, baronibus et nobilibus regni nostri super ordinatione et reformatione totius status regni nostri solenniter celebrata. Fejér VII, 2, 121.
³ Theiner 1, 361 f.
⁴ Fejér V, 3, 457. In einer Urkunde des Königs von demselben Jahre ibid. p. 448 ist die Rede von solchen, qui ex baronibus nostris contra nostram procedebant maiestatem, freilich ohne nähere Zeitangabe.
⁵ Cap. 381 ed. Pez, S. 349 ff.

er ruhig zusah, wie Albrecht von Oesterreich im Jahre 1289 dem Iwan von Güssing und seinen Brüdern fast alle ihre an der Westgrenze des Reiches gelegenen Besitzungen wegnahm. Sie hätten die Erzbischöfe und Bischöfe von Gran, Raab, Veszprim und Golias (Colocsa?) bewogen, an den König eine Botschaft zu schicken und ihn zur Besserung seines Lebens und zur Erfüllung der dem Papste geleisteten Versprechungen aufzufordern. Als der König ihren Gesandten eine schroff abweisende Antwort gab und sich noch enger als bisher an die Cumanen anschloss, hätten die Ungarn, Arme und Reiche, sich von ihm abgewendet und beschlossen, einen andern Herrn zu nehmen, und zwar mit um so grösserem Rechte, als Ladislaus früher selbst erklärt hatte, dass sie ihn nicht mehr als Herrn ansehen sollten, wenn er wieder in sein früheres Leben zurückfiele. Graf Iwan und sein Geschlecht wurden nun, erzählt der Reimchronist, mit dem ‚grossen Grafen' (dem Palatin) zu Rath, und sie sandten zu Andreas von Este, dem Enkel Stefans V., als nächstem männlichen Verwandten des Königs, und luden ihn ein, das von Ladislaus verwirkte Königreich in Besitz zu nehmen.

Andreas warb mit Unterstützung von Freunden und Verwandten ein kleines Heer und fuhr mit demselben in Begleitung seines Oheims Albertin nach Zara, wo auf die Nachricht von seiner Landung der Erzbischof von Gran, der Bischof von Veszprim und Graf Iwan sich bei ihm einfanden. Diese hätten ihm gerne zum Reiche verholfen.

Allein viele der andern Grossen, auch solche, die ihn geladen hatten, bewahrten dem Könige Ladislaus ihre Treue, so dass Albertin wieder nach Venedig zurückfuhr, während Andreas rathlos von einem Schlosse zum andern zog, bis ihn Graf Arnold von Trigau treuloser Weise gefangen nahm und nach Wien zum Herzoge Albrecht führte. Albrecht lieferte ihn nicht, wie man ihm wohl rieth, dem Könige Ladislaus aus, sondern gewährte ihm und seinem Gefolge einige Zeit Unterhalt, bis ihn Andreas durch seinen Hochmuth beleidigte.

Eine Prüfung dieses Berichtes ist dadurch sehr erschwert, dass eine Vergleichung desselben mit anderen Quellen unmöglich ist, indem uns diese so gut wie vollständig im Stiche lassen.

Es erweckt jedenfalls von vorneherein ein ungünstiges Urtheil über die Reimchronik, wenn diese den Vater Andreas III., Stefan, den nachgeborenen Sohn Andreas II. und der Beatrix von Este, zu einem Sohne Stefans V., also Andreas selbst zu einem Ururenkel statt zu einem Enkel Andreas II. macht.[1] Allein einzelne Punkte ihrer Erzählung finden doch auch anderweitig eine Bestätigung. Untersuchen wir die Geschichte des Andreas vor seiner Thronbesteigung. Beatrix von Este, welche beim Tode ihres Gemahls Andreas II. von Ungarn guter Hoffnung gewesen war, hatte nach ihrer Rückkehr in die Heimat einen Sohn Stefan geboren, der sich mit einer edlen Venetianerin, Tommasina Morosini, vermählte und von ihr einen Sohn, den späteren König Andreas, erhielt.[2] Schon Andreas II. Witwe scheint für ihren Sohn Ansprüche auf einen Theil des ungarischen Gebietes erhoben zu haben, wahrscheinlich auf Croatien und Dalmatien oder das sogenannte Herzogthum Slavonien, welches gewöhnlich jüngere Prinzen verwalteten, und dessen Besitz durch den Tod Colomans, des Bruders Bela's IV., welcher an den 1241 gegen die Mongolen empfangenen Wunden gestorben war, erledigt worden war. Denn im Jahre 1244 musste der Doge von Venedig beim Abschlusse eines Friedens mit Ungarn versprechen, mit Beatrix und ihrem Sohne kein Bündniss einzugehen.[3] Stefan selbst führt in mehreren Urkunden des Markgrafen Azzo von Este vom Jahre 1252 den Titel eines Herzogs von Slavonien.[4] Ebenso gelobte Ottokar von Böhmen dem Könige Stefan V. von Ungarn im Frieden von 1271, Stefan ‚den Lombarden' von seiner Freundschaft und Bundesgenossenschaft auszuschliessen.[5] Wir wissen nicht, wann Stefan gestorben und sein Sohn Andreas als Prätendent auf das Herzogthum Slavonien an dessen Stelle getreten ist. Ungarische Historiker lassen diesen schon im Jahre 1278 durch Ladislaus IV. in das Land gerufen und zum Herzoge von Slavonien ernannt werden.[6]

---

[1] Vergleiche auch Cap. 97 der Reimchronik.
[2] Die Belege bei Katona 5, 780 ff. Vergleiche Marci Chron. p. 104 f. = Thurocz l. 2 c. 82, p. 153 f. = Chron. Bud. p. 213 f.
[3] F. Rer. Austriac. Dipl. 13, 421.
[4] Fejér VII, 1, 297 f.
[5] Theiner, Vet. Mon. Hung. 1, 298, 303.
[6] Z. B. Szalay (deutsche Uebersetzung) 2, 130. Fessler-Klein 1, 434.

Sie berufen sich für diese Annahme auf eine Urkunde vom 27. Mai 1278, worin Andreas d. gr. dux totius Sclavoniae, Dalmatiae et Croatiae die Unterthanen der Kirche von Veszprim in den Comitaten von Symegh, Veszprim und Zala von der Gerichtsbarkeit der dortigen Grafen und Vicegrafen befreit.[1] Allein obwohl Andreas III. im Jahre 1294 selbst diese Urkunde als privilegium ipsius ducatus nostri bestätigt hat,[2] so erheben sich doch gewichtige Bedenken gegen die Identificirung dieses Andreas dux totius Sclavoniae etc. mit dem späteren Könige. Es hat nämlich auch des Königs Ladislaus jüngerer Bruder Andreas, der mit Clementia, der Tochter Rudolfs von Habsburg, vermählt werden sollte, den Titel eines dux totius Sclavoniae et Croatiae geführt.[3] Dieser Andreas hat um Ende Mai 1278 sicher noch gelebt, da König Rudolf erst nach der Unterwerfung Mährens, also im September, von seinem frühzeitigen Tode Nachricht erhalten hat.[4] Es ist auch sehr unwahrscheinlich, dass von Andreas von Este, wenn er von 1278 bis 1290 das Herzogthum Slavonien verwaltet hätte, sich keine einzige von ihm ausgestellte Urkunde erhalten hätte.

Erst vom Jahre 1286 führt dieser Andreas unzweifelhaft den Titel eines Herzogs von Slavonien. Zum 5. Mai 1286 findet sich in den venetianischen Regierungsacten der Beschluss verzeichnet: Cum per dominum Andreasium ducem Sclavonie petitum sit adiutorium et consilium a domino duce, capta fuit pars: quod sciatur ab ipso, cuiusmodi adiutorium ipse petit a nobis, et hoc scito postea venietur apertius ad maius consilium

---

[1] Fejér V, 2, 471. Auf diese Urkunde nimmt dann noch am 12. Juni Joannes, magister tavornicorum domini Andreae, inclyti ducis totius Sclavoniae, et comes Szaladiensis Rücksicht. Ibid. p. 472.

[2] Ibid. VI, 1, 303.

[3] Siehe den Vertrag über seine Verlobung mit Clementia vom 13. Juli 1277 ap. Fejér V, 2, 388 ff.

[4] Licet dilectus nobis quondam N. illustris, filiae nostrae sponsus, ut dicitur, cursu . . . nimis praecipiti viam transiverit brevis vitae, schreibt Rudolf an Ladislaus ap. Fejér l. c. p. 455 ff. Wenn der Papst Nicolaus III. am 22. September 1278 nobili viro duci Sclavoniae noch ein Empfehlungsschreiben zu Gunsten des nach Ungarn geschickten Legaten ausstellt, so ist offenbar auch der Bruder des Königs gemeint, dessen Tod er noch nicht erfahren hatte. Wäre es der spätere König Andreas gewesen, so würden wir solche päpstliche Schreiben an den Herzog von Slavonien wohl auch in den nächsten Jahren finden.

cum eo, quod videbitur.¹ Am 6. Juni 1286 wird in Duino zwischen dem Grafen Albert von Görz und dem Albertinus Mauroceno (Morosini) von Venedig ein Vertrag geschlossen, worin dieser als Bevollmächtigter pro illustri domino Andrea, d. gr. duce Sclavonie, nepote olim serenissimi domini Andree regis Hungarie verspricht, dass dieser sein Neffe des ersteren Tochter Clara heiraten werde.² Aber beweist die Führung des Herzogstitels, dass damals Andreas wirklich die Verwaltung des Herzogthums Slavonien innehatte? Niemand wird dies behaupten wollen, da ja auch sein Vater Stefan, wie früher dargethan worden, denselben Titel führte. Aus dem Heiratsvertrage kann man eher schliessen, dass Andreas damals nicht in Slavonien oder überhaupt in Ungarn gelebt habe. Die Vollmacht des Andreas für seinen Oheim ist vom 31. Mai ausgestellt, ein Beweis, dass derselbe nicht sehr weit von Duino entfernt gewesen sei. Der Vertrag wird im Namen des Andreas ausser von Albertinus Morosini, noch von Marinus Pasqualigo, also ebenfalls einem Venetianer beschworen. Auch unter den angeführten Zeugen findet sich kein einziger Ungar, Croate oder Dalmatiner, sondern neben solchen Persönlichkeiten, die in näheren Beziehungen zum Grafen von Görz stehen, ein oder mehrere Venetianer.³ Auch von den zwei Notaren, welche die Urkunde ausgefertigt haben, war der eine ducalis aule Venecie scriba. Es ist mir daher durchaus wahrscheinlich, dass Andreas damals als Prätendent in Venedig bei seinem Oheim Albertinus Morosini gelebt und dass das an die venetianische Regierung gerichtete Gesuch den Zweck gehabt habe, die Unterstützung derselben zur Erlangung eines Theiles von Ungarn, etwa des von Andreas beanspruchten Slavonien zu erlangen.

Die ungarischen Urkunden sprechen nicht gegen diese Annahme. Eine Urkunde, die Andreas selbst als Herzog von Slavonien ausgestellt hätte, findet sich auch aus den letzten Jahren der Regierung Ladislaus IV. nicht. Als König belohnt er mehrmals Dienste, welche ihm ungarische Grosse, auch wohl

---

[1] Mon. spectantia hist. Slav. meridion. 3, 424.
[2] Archiv für österreichische Geschichtsquellen 1849, 1, 201. Mon. Hung. Dipl. 9, 285.
[3] Sicher aus Venedig ist Bartholomäus Gritti, vielleicht auch Johannes Gano. Ob Andreas Grusoni, ist mir unbekannt.

ein Florentiner, tempore ducatus nostri geleistet haben.[1] Aber eine davon hat den ausdrücklichen Zusatz: tempore ducatus nostri, cum nos extra regnum fuissemus. Nur eine Urkunde scheint dafür zu sprechen, dass Andreas wenigstens vorübergehend wirklich mit dem Titel eines Herzogs von Slavonien in Ungarn geweilt habe, nämlich die schon erwähnte Urkunde vom Juni 1287, wo der Sohn Iwans von Güssing, Gregor, den Titel magister dapiferorum domini ducis totius Sclavoniae führt.[2] Sollte etwa die Berufung des Andreas durch die Güssinger, welche die Reimchronik in das Jahr 1289 setzt, in das Jahr 1287 fallen? Dass derselbe auch in diesem Falle sich zunächst nicht König, sondern nur Herzog von Slavonien genannt hätte, ist ja durchaus wahrscheinlich.

Denn dass Andreas wirklich einmal zur Zeit der Regierung Ladislaus IV. nach Ungarn gekommen sei und einen Theil des Reiches beansprucht habe, berichtet auch die ungarische Chronik, die leider die Hauptsache, den Erfolg der Unternehmung verschweigt. Sie sagt:[3] Andreas auxilio et consilio avunculorum suorum, qui erant infinitimarum divitiarum, vivente adhuc rege Ladizlao, in Hungariam subintravit, eo quod esset dux, qui deberet habere portionem in regno regis Andreae titulo avi sui.

Dass Andreas bei seinem Versuche, das Königreich Ungarn, wie die Reimchronik meldet, oder einen Theil desselben, wie es nach anderen Anhaltspunkten scheint, in seine Hände zu bringen, unglücklich gewesen sei und dass er als Flüchtling eine Zeit lang in Wien gelebt und vom Herzoge Albrecht Unterstützung erhalten habe, wird durch eine der verlässlichsten Quellen dieser Zeit, die Cont. Vindob. bestätigt. Diese berichtet (p. 716) ad 1290: Eodem anno Andreas marchio de Aeste Lombardus quidam, *prius ab Ungaris repulsus et fugatus*, iterum intravit Ungariam et benigne ab eis receptus in regem est coronatus, und ad 1291: qui (Andreas) *ab ipso duce (Alberto)* cum tota familia sua, antequam Ungariam intraret et regnum esset adeptus, *Wienne degens victualia sua longo satis tempore*

---

[1] Fejér VI, 1, 249. 292; VI, 2, 249.
[2] Fejér V, 3, 387.
[3] Marci Chron. p. 105 = Chron. Bud. p. 214 = Thurocz l. II, c. 82, p. 154.

ab ipso duce receperat.[1] Nach dieser Chronik möchte man allerdings vermuthen, dass Andreas aus Ungarn nach Oesterreich geflohen, nicht aber verrätherischer Weise gefangen und in die Hände des Herzogs Albrecht geliefert worden sei. Doch ist wenigstens der von der Reimchronik als Verräther bezeichnete Graf Arnold von Trigau oder richtig Strigau eine historische Persönlichkeit. Denn durch Urkunde vom 30. Juni 1288 datum in Strigau schenkt comes Arnoldus filius Arnoldi de Strigau dem Deutschorden ein Gut in metis Theutoniae situm.[2] Von der Reise des Andreas von Venedig nach Ungarn sprechen auch zwei Urkunden, welche vom päpstlichen Legaten, dem Cardinalbischofe Nicolaus von Ostia und Velletri in Gegenwart der Bischöfe von Raab, Csanád, Agram, Grosswardein und Bosnien am 14. November 1301 in Ofen transsumirt worden sind.[3] Nach der ersten nehmen die vornehmsten geistlichen und weltlichen Würdenträger ac universitas nobilium Ongarorum, Siculorum, Saxonum et Comanorum am 29. Juli 1292 apud Budam in congregacione regni generali habita den Albertinus dux totius Sclavonie et comes de Possega, den Oheim ihres Königs Andreas und seine Nachkommen in den ungarischen Adelsstand auf (nostre universitatis cetui aggregare), weil er den König Andreas, seinen Neffen, a tempore pueritie sue usque ad etatem iuventutis in domo sua . . . et tandem accepta totius regni petitione eundem dominum nostrum regem . . . in medium nostri adducendo educaverit, innumeram pecunie quantitatem pro eo expendendo et multis fortunae casibus personam suam submittendo. Nach der anderen nimmt König Andreas selbst am 1. August 1299 seinen Oheim Albertinum Maurocenum ducem an Sohnes statt an und verleiht ihm alle Rechte eines Sohnes, cuius impensis et studiis ab ipso puerili

---

[1] Der Aufenthalt des Andreas am österreichischen Hofe vor 1290 kann daher am wenigsten geläugnet werden.

[2] Duellii Hist. ord. Teutonici P. III, p. 99. Fejér VII, 2, 120. Beide unvollständig. O. Lorenz 2, 486 lässt Andreas durch Johann von Güssing gefangen genommen werden. Allein dies Ereigniss fällt in eine spätere Zeit, wo Andreas bereits König war, wie im nächsten Aufsatze dargethan werden soll.

[3] Die Urkunde des Legaten ap. Fejér VIII, 7, 25. Die beiden transsumirten Urkunden ibid. VII, 5, 502. 545.

evo usque ad annos adolescencie propensis educati in Ungariam tandem devenimus, eo duce iter nostrum prosequente omnis generis cum apparatu et expensis innumeris. Diese Urkunden scheinen nun allerdings ihrem Hauptinhalte nach sehr verdächtig.[1] Allein das Transsumpt erregt keine Bedenken, und wenn eine Fälschung stattgefunden hat, so ist sie wohl von Albertino Morosini nach dem Tode seines Neffen veranlasst worden, so dass man den historischen Inhalt der Urkunden, soweit sie sich auf die Verdienste des Albertino um seinen Neffen beziehen, im Allgemeinen als wahr annehmen kann. Bei oberflächlicher Betrachtung könnte man nun allerdings darin einen Widerspruch mit der Erzählung der Reimchronik erblicken.[2] Allein auch die Reimchronik berichtet, dass des Andreas Oheim Albertin ihn begleitet habe, und dass nicht Alles glatt abgegangen sei, gesteht auch die angebliche Urkunde des ungarischen Adels, wenn es heisst, Albertin habe seine Person multis fortunae casibus ausgesetzt.

Fasst man das Ergebniss dieser Prüfung der verschiedenen Quellen zusammen, so wird man so viel als höchst wahrscheinlich annehmen können, dass Andreas von Este in den letzten Jahren der Regierung Ladislaus IV. einen Versuch machte, mit Hilfe unzufriedener ungarischer Grosser entweder die Regierung des ganzen Reiches oder wenigstens eines Theiles desselben an sich zu bringen, dass aber dieser Versuch misslang und er seine Zuflucht zum Herzoge Albrecht von Oesterreich nehmen musste.

Wenn auch Ladislaus die Gefahr, welche ihm von Seite seines Vetters gedroht, glücklich abgewendet hatte, so hörte doch die Unzufriedenheit mit seinem Regimente, namentlich bei den Mitgliedern der kirchlichen Partei nicht auf und schien zu einer neuerlichen Einmischung des Papstes zu führen. Am 20. Mai 1290 fertigte Nicolaus IV. die Vollmacht für den Bischof Benevenutus von Gubbio aus, der als päpstlicher Legat nach Ungarn gehen sollte, ‚um den König vom Irrwege des Irrthums auf den Weg der Wahrheit und des Glaubens und

---

[1] Dass z. B. in jener Zeit eine Erhebung in den ungarischen Adelsstand durch die Stände stattgefunden habe, ist doch sehr unwahrscheinlich.

[2] Besonders wegen des Satzes: accepta *totius regni petitione* eundem dominum nostrum regem ... in medium nostri adducendo.

zum Cultus und Ritus der christlichen Religion zurückzurufen, ihn zu bewegen, dass er seine Gemahlin zu sich zurückführe und mit ehelicher Liebe behandle, um zwischen dem Könige und den Einwohnern des Königreiches Ungarn und zwischen Geistlichen und Laien Frieden und Eintracht herzustellen und die Wiedererneuerung der kirchlichen Freiheit zu befördern', indem er ihm auftrug, wenn die Tataren, Saracenen, Neugerier und Heiden ihre Uebergriffe gegen die Rechtgläubigen fortsetzten, gegen sie und ihre Anhänger und Begünstiger, welchen Standes oder Ranges sie immer seien, das Kreuz zu predigen.[1] Ehe aber noch der Legat abgereist war, fand König Ladislaus ein gewaltsames Ende, indem er am 10. Juli 1290 von einem Cumanen ermordet wurde.[2]

Ueber die Einzelnheiten, namentlich die Ursache dieser Gewaltthat gehen die Berichte auseinander. Die steirische Reimchronik c. 382 erzählt, dass Ladislaus, der sich ganz von den Ungarn abgewendet, sich zu den Cumanen begeben habe und von Liebe zu einer Angehörigen dieses Volksstammes entbrannt, aber von dem Gemahle derselben, der ihn bei ihr traf, erstochen worden sei.

Mit dieser Erzählung stimmen auch die Ann. breves Wormatienses M. G. SS. 17, 78 ad 1291 überein, welche nur den König irrig Andreas nennen. Dagegen berichtet das Chron. Bud. p. 210: rex ... prope castrum Kyris-Zug[3] *ab ipsis Cumanis*, quibus adheserat, specialiter Arbuz, Turtule, Kemenche ac eorum cognatis et complicibus, *quibus communitas Cumanorum habitis plurimis tractatibus et consiliis commiserat*, in suo tentorio medio silentio noctis opportunitate capta diris vulneribus sauciatus miserabiliter est interfectus. Diese Erzählung verliert aber dadurch an Glaubwürdigkeit, dass die älteste Handschrift der ungarischen Chronik, die Wiener Bilderhandschrift

---

[1] Theiner 1, 361. Die in den päpstlichen Regesten beigefügte Randbemerkung: Legatio ista non habuit effectum, heisst aber nicht, wie O. Lorenz 2, 485 übersetzt, dass ‚die Gesandtschaft ohne die gewünschten Erfolge geblieben', sondern dass sie nicht zur Ausführung gekommen sei.

[2] Den Todestag führt allerdings nur Thurocz 1. 2, c. 81 = Chron. Bud. p. 210 an. Jedenfalls kann er trotz der Urkunde des K. Ladislaus Mon. Hung. Dipl. 9, 353 = 17, 522 mit dat. Bude die dominico ante festum Marie Magdalene 1290 (= Juli 16) nicht später fallen, da Andreas III. schon am 28. Juli in Stuhlweissenburg gekrönt wurde.

[3] Körösszeg oder Kereszt-Szeg unweit Grosswardein.

von 1358, welche als Marci Chronicon gedruckt worden ist, und deren Text sonst auch dem Chronicon Budense zur Grundlage gedient hat, dieses ganze Detail und ebenso auch den folgenden Bericht des Chron. Bud. über die Bestrafung dieses Verbrechens durch den Palatin Myze, die grausame Hinrichtung des Arbuz und Turtule und die Enthauptung aller ihrem Geschlechte angehörenden Cumanen nicht enthält und nur die kurze Notiz bringt: ab ipsis Cumanis, quibus adheserat, est miserabiliter interfectus. Auch die gleichzeitige Cont. Vindob. p. 716 stimmt mehr mit der Reimchronik, wenn sie zum Jahre 1290 berichtet: Eodem anno Ladislaus rex Ungarie *a quodam Chomano* occisus est.

V.
Ungarns innere Verhältnisse unter Andreas III.

Liest man die steirische Reimchronik über die Ereignisse in Ungarn nach der Ermordung des Königs Ladislaus IV.,[1] so muss man den Eindruck gewinnen, dass ein langes Interregnum eingetreten sei. Der Papst, erzählt dieselbe, entbot den Herren, dass, wenn Ungarn seines Erbherrn beraubt sei, dem römischen Stuhle das Recht zustehe, demselben einen König zu geben. Da in Ungarn Arme und Reiche widerstrebten, weil nicht die Pfaffen, sondern ihre Ahnen das Land den Heiden abgestritten hätten, so meldeten dies die Geistlichen dem Papste und riethen ihm, dem Volke die freie Wahl eines Königs zu gestatten. Manche suchten nun die Wahl hinauszuschieben, um ungestraft des Königs Gut an sich reissen zu können und nicht für Friedensbruch gestraft zu werden. Obwohl dadurch die Bürger und Pfaffen beschwert wurden, so dauerte dies doch so lange, bis die üblen Folgen Allen fühlbar wurden und nun Viele auf die Vornahme der Königswahl hinarbeiteten.

Auch Graf Iwan von Güssing war dafür, weil er einsah, dass er nur mit Hilfe eines Königs die Besitzungen wieder gewinnen könnte, welche ihm Albrecht von Oesterreich abgenommen hatte. Bei diesen Bemühungen unterstützte ihn

---

[1] Cap. 383 ff. ed. Pez p. 375 ff.

namentlich sein Bruder, der Bischof von Veszprim.¹ Auf einer Reichsversammlung wurde nun Andreas von Este zum Könige gewählt, welcher, der Einladung der Ungarn folgend, als Mönch verkleidet auf der Donau nach Ofen fuhr und, nachdem er um eine polnische Prinzessin geworben und mit dieser Hochzeit gefeiert hatte, in Stuhlweissenburg gekrönt ward.

In Wirklichkeit nahmen die Dinge einen viel rascheren Verlauf. Am 10. Juli ward Ladislaus nach der ungarischen Chronik ermordet, und schon am 18. Tage darauf wurde Andreas der Venetianer in Stuhlweissenburg zum Könige gekrönt.² Versuche einiger Gegner, der Krone des heiligen Stefan sich zu bemächtigen und dadurch die Krönung zu verzögern, wurden durch die Umsicht des Probstes Theodor von Weissenburg, der dann Vicekanzler des Königs wurde, vereitelt.³ Ein Ungar, der sich für Andreas, den verstorbenen Bruder des Königs Ladislaus ausgab und auch einige Anhänger fand, ward mit leichter Mühe überwunden und fand dann seinen Tod durch Ertrinken.⁴ Auch die Güssinger, die seinem Vorgänger wiederholt grosse Schwierigkeiten bereitet hatten, schlossen sich Andreas III. an, ja scheinen ihm zunächst besonders nahe getreten zu sein. Denn wenn wir im Jahre 1291 einen Nicolaus als Palatin und Grafen von Symegh, einen Johann als Magister tavernicorum, bald auch als Grafen von Oedenburg und einen

---

[1] Nach der Cont. Vindob. p. 715 war aber dieser schon 1289 ermordet worden!

[2] Diese Angabe der ungarischen Chroniken wird durch eine von Andreas am 29. Juli 1290 ausgestellte Urkunde ap. Fejér VI, 1, 45 = Cod. d. patr. 6, 354 = Mon. Hung. Dipl. 18, 2 bestätigt.

[3] Andreas belohnt diesen dafür mit Urkunde ap. Fejér VI, 1, 236 = 255.

[4] Cont. Vindob. p. 716 ad 1290: Ladislaus rex Ungarie a quodam Chomano occisus est et quidam, qui dicebat, se fratrem suum esse, et potenter volebat regnare, submersus est. Die Angabe der Ann. Polonorum M. G. SS. 19, ad 1290: Eodem anno rex Ungarie circa Chrober submergitur, bezieht sich also nicht auf Ladislaus IV., sondern auf den Pseudo-Andreas. Auch Andreas III. selbst spricht von diesem in Urkunde von 1291 August 28 ap. Fejér VI, 1, 123: Cum nos ... iure et ordine geniturae in solium et gubernaculum regni Hungariae fuissemus sublimati, et quidam, qui se ducem Andream nominabat, adiunctis sibi perversitatis suae sociis in totius regni nostri praeiudicium et gravamen contra nostram regiam procedere niteretur maiestatem, habito cum baronibus nostris communi consilio et tractatu magistrum Georgium, filium Symonis ... ad insequendum dictum ducem duximus destinandum etc.

Heinrich als Ban von ganz Slavonien finden,[1] so sind dies doch höchst wahrscheinlich die drei Güssinger dieses Namens gewesen. In ihrem Interesse war es auch, wenn Andreas im Juli 1291 den Krieg gegen Oesterreich unternahm und den Herzog Albrecht zur Herausgabe der von ihm in Ungarn besetzten Gebiete zwang, freilich mit der Bestimmung, dass die nicht unmittelbar dem Könige gehörigen Burgen, also auch die der Güssinger, geschleift werden sollten.

Trotz der raschen Anerkennung und der gegen Oesterreich errungenen Erfolge hatte doch auch Andreas III. bald mit inneren Unruhen zu kämpfen. Die grössten Schwierigkeiten bereitete ihm wie jedem ungarischen Könige die Unbotmässigkeit der dortigen Magnaten, von denen sich manche in geregelte Zustände gar nicht hineinfinden konnten und durch die Herstellung gesetzlicher Besitzverhältnisse, wie sie Andreas anstrebte,[2] Einbusse zu erleiden fürchten mussten. Aufrührerische Tendenzen ungarischer Magnaten konnten jetzt dadurch leichter auf Erfolg rechnen, dass dem Könige Andreas das Recht auf den Thron von anderer Seite streitig gemacht ward.

Denn gleich nach dem tragischen Ende des Königs Ladislaus IV. erhob dessen Schwester Maria, die Gemahlin des Königs Karl II. von Neapel, Ansprüche auf Ungarn, das auf sie als die nächste Verwandte desselben gefallen sei. Schon

---

[1] Am 22. Februar, 12. März, 10. Juli und 9. October 1291 ap. Fejér VI, 1, 89. 117. 129. 151. Am 29. Juli 1290 ibid. 45 erscheint noch Matthäus als Palatin, Briccius als Ban von Slavonien, Dominicus als Magister tavernicorum. Vom 29. Juli 1290 bis zum 22. Februar 1291 sind leider in keiner Urkunde die Würdenträger aufgezählt.

[2] Urkunde des Thomas, Judex curiae, und des Grafen Bogamir von Honth von 1292 August 11 ap. Fejér VI, 1, 232: cum dominus noster Andreas, illustris rex Hungarie de consensu omnium praelatorum, baronum et nobilium suorum ad reambulandas terras udvornicorum et castrorum suorum de Zolum et Thuruch, ad restituendas easdem terras castris suis praedictis magistrum Michaelem, aule sue notarium ad hoc specialiter destinasset etc. Urkunde K. Andreas III. von 1293 März 17 ibid. p. 242: cum nos ... ad videnda seu habitanda praedia nostra Zoulum scilicet, Turuch et Liptou accessissemus et in eisdem, quae rite acta non fuerant in alienationibus terrarum ad ipsa praedia nostra pertinentium voluissemus emendare et in melius reformare etc. Urkunde des Grafen Baldus von Zips vom December 1294 ibid. p. 329: quum dominus rex possessiones et terras cuiuslibet conditionis hominis in districtu Scepus existentis nobis scire et mensurare praecepisset etc.

am 21. September 1290 schickten sie und ihr Gemahl von
Paris aus, wo sie sich damals aufhielten, Bevollmächtigte nach
Ungarn, um sich von den Einwohnern den Eid der Treue
leisten zu lassen und bis zu anderweitiger Vorsorge selbst die
Regierung zu führen.[1] Am 6. Januar 1292 übertrug dann
Maria ihre Ansprüche auf ihren Sohn Karl Martell, der in
Gegenwart eines päpstlichen Legaten zum Könige von Ungarn
gekrönt ward[2] und nun auch den Königstitel von diesem
Reiche annahm.

Die Ansprüche der Anjous wurden nicht blos vom Papste
Nicolaus IV. anerkannt, der aber schon am 4. April 1292 aus
dem Leben schied, sondern fanden auch eine Stütze an den
mächtigen Güssingern, welche über Andreas vielleicht deswegen
erbittert waren, weil er zugestanden hatte, dass ihre vom
Herzoge von Oesterreich zurückgegebenen Burgen geschleift
werden sollten. Johann wendete sich noch Ende 1291 an Karl
von Neapel und dessen Gemahlin und liess sich von ihnen die
Befugniss ausstellen, ‚den Eindringling' und seine Anhänger
zu befehden. Maria verlieh ihm und seinem Sohne Georg für
seine Dienste die Comitate Oedenburg und Eisenburg als
Lehen.[3] Auch bei den croatischen Grossen, bei denen immer
ein gewisser Gegensatz gegen Ungarn sich geltend machte,
blieben die Bemühungen der Anjous nicht ohne Erfolg, besonders

---

[1] Alle auf die Ansprüche der Anjous und deren Massregeln zur Geltendmachung derselben bezüglichen Actenstücke aus den Registri Angioini in Neapel sind gedruckt in Mon. Hung. Acta extera 1, 78 ff. Vergleiche auch Fejér VI, 1, 75 und 190—195.

[2] Dass Karl II. von Neapel seinen Sohn schon am 8. September 1290 durch einen päpstlichen Legaten habe zum Könige von Ungarn krönen lassen, wie Giovanni Villani l. 7, c. 135 berichtet, ist sicher falsch, da Karl II. damals in Paris war, in obiger Urkunde vom 21. September 1290 nichts davon erwähnt wird und Karl Martell erst 1292 den Titel eines Königs von Ungarn angenommen hat. Aber dass es noch bei Lebzeiten des Papstes Nicolaus IV. († 1292 April 4) geschehen ist, ergibt sich auch aus der Cont. Florian. M. G. SS. 9, 750, wo aber diese wie die sich anschliessende Nachricht über den Einfall Ottos von Baiern in Steiermark (im Februar 1292) durch Verstoss in das Jahr 1295 gekommen ist.

[3] Die Vollmacht Karls II. und der Königin Maria vom 5. Januar, dann von Karl Martell vom 21. April 1292 in Mon. Hung. Acta extera 1, 81. 90. Die Belehnung wird nach Marias Abdankung durch Karl Martell am 12. April 1292 bestätigt. Ibid. 1, 87.

da diese sich nicht bedachten, ihre Anhänger auf Kosten der Integrität des ungarischen Reiches auf das Freigebigste zu belohnen. Im Sommer 1292 finden wir das mächtigste croatische Adelsgeschlecht, die Grafen von Brebir, die Ahnherren der Zrinyi, von denen Paul das Banat über die croatischen Küstengebiete in seinen Händen hatte und sich Herr von Bosnien nannte,[1] weiter den Ban Ladislaus oder Radislaus von Slavonien und, wie es scheint, auch die Grafen von Veglia und Modrus auf Seite der Anjous. Dafür verlieh Karl II. besonders den Grafen von Brebir ausgedehnte Gebiete in Croatien und Dalmatien. Auch Ladislaus, der älteste Sohn des Königs Stefan von Serbien, erhielt einen grossen Theil des Herzogthums Slavonien.[2]

Andreas III. führte zunächst ein Heer gegen die Güssinger und scheint sie zur Unterwerfung gezwungen zu haben. Hierauf begab er sich nach Croatien, wohl um die noch Treugebliebenen in ihrer Anhänglichkeit zu befestigen. Als aber sein Heer nach Norden abgezogen war und er hinter demselben zurückblieb, ward er vom Grafen Iwan von Güssing treulos überfallen, gefangen genommen und nur gegen Stellung von Geiseln, wahrscheinlich zur Bürgschaft für geleistete Versprechungen, wieder in Freiheit gesetzt.[3]

---

[1] Mon. Slav. merid. 1, 125. 139. 147. 192. Dominus Bosne nennt sich Paul nach Urkunde p. 139 schon 1285. Eines Theils von Bosnien hatte sich aber wahrscheinlich der König Stefan (Milutin) von Serbien in den letzten Jahren Ladislaus IV. oder nach dessen Tode bemächtigt. Denn am 23. März 1291 sind nach Schreiben des Papstes Nicolaus IV. ap. Theiner, Vet. Mon. Hung. 1, 377 partes Bosnae tue (regis Stephani) ditioni subiecte.

[2] Mon. Hung. Acta extera 1, 85. 94—99.

[3] Schon am 22. Juni 1292 belohnt K. Andreas Dienste, die geleistet worden sind in exercitu nostro contra filios Henrici habito, qui se a nostra retraxerant maiestate. Mon. Hung. Dipl. 10, 67. Von seinem Feldzuge contra filios Henrici bani, dann von seiner Gefangennehmung per Johannem filium Henrici bani (cum in partibus Trans-Dravanis fuissemus), und zwar rupto pacis foedere inter nos et ipsum ordinato, und von seiner Freilassung spricht der König in mehreren Urkunden vom Jahre 1292 an ap. Fejér VI, 1, 200. 204. 236. 299; VII, 2, 183 und VII, 4, 238, dann dessen Mutter Thomasina Mon. Hung. Dipl. 18, 184. In Urkunde von 1296 ap. Fejér VI, 2, 19 erwähnt Andreas eines gewissen Moys infidelitates, que contra nostram maiestatem commisit in societate Nicolai quondam palatini filii Henrici bani. Dass die Gefangennehmung nicht schon,

Am Anfang des Jahres 1293 rüstete der König von Neapel für seinen Sohn bereits ein Heer aus, das nach Ungarn geführt werden sollte.[1] Es kam nicht zur Abfahrt, vielleicht weil die dalmatinischen Küstenstädte noch in der Treue gegen den König Andreas verharrten, vielleicht weil der noch immer nicht beigelegte Kampf um das abgefallene Sicilien alle Kräfte Karls in Anspruch nahm. Aber die Rüstungen wurden fortgesetzt und selbst die tuscischen und einige lombardische Städte um eine Beisteuer angegangen.[2] Da starb Karl Martell im Sommer 1295 mit Hinterlassung kleiner Kinder, und nun hatte Andreas von dieser Seite zunächst weniger zu fürchten.

Dessenungeachtet hörten die Kämpfe im Innern des Reiches nicht auf. Im Jahre 1294 erhob sich der Woiwode Roland von Siebenbürgen, der Sohn des Thomas, mit seinen Brüdern und konnte nur mit Waffengewalt bezwungen werden. Ihre Burgen, darunter Adrian, wurden eingenommen und zerstört.[3] Wenig später hören wir von Empörungen oder sonstigen Gewaltthaten anderer Grosser, darunter des ehemaligen Palatins Mises.[4] Es mochte vielleicht die ungarischen Magnaten auch erbittern, dass Andreas seiner Mutter Thomasina, die er im Herbste 1291 zu sich berief,[5] die Verwaltung von Slavonien, später auch noch die Ungarns rechts von der Donau übertrug.[6]

---

wie die meisten ungarischen Historiker annehmen, in die Zeit fällt, wo Andreas sich zur Krönung nach Stuhlweissenburg begab, oder gar, wie O. Lorenz 2, 486 meint, vor seinem Aufenthalte am Wiener Hofe, sondern erst nach seiner Krönung und nach dem Kriege mit Oesterreich, also Ende 1291 oder in das Jahr 1292, ergibt schon die Reihenfolge der in den genannten Urkunden angeführten Ereignisse. Das Jahr 1292 wird sichergestellt durch die bisher übersehene Nachricht der Ann. Mellic. p. 510 ad 1292: Rex Ungarorum a comite Ywano dolose capitur.

[1] Mon. Hung. Acta extera 1, 102.
[2] Ibid. 1, 114—124.
[3] Fejér VI, 1, 298. 342; VI, 2, 26. 37. 259; VII, 4, 238. Mon. Hung. Dipl. 10, 122. 147; 18, 149. 295. 368. Cod. d. patr. 6, 406, 416. Die Zeit ergibt sich aus der am 6. September 1294 sub castro Adryan ausgestellten Urkunde des Königs Mon. Hung. Dipl. 18, 145.
[4] Mon. Hung. Dipl. 18, 185; 10, 150. Fejér VI, 2, 58.
[5] Vergleiche Fejér VII, 4, 221. Cod. d. patr. 7, 230.
[6] Schon in Urkunde von 1293 nennt sie K. Andreas ducissam totius Sclavonie et maritimarum partium principissam. Fejér VII, 4, 227. Von 1295 urkundet sie selbst wiederholt als ducissa tocius Sclavonie et gubernatrix

Um seine Stellung zu befestigen, heiratete Andreas Anfangs 1296 Agnes, die Tochter des Herzogs Albrecht von Oesterreich. Dieser schickte ihm noch im Herbste desselben Jahres Truppen gegen Iwan von Güssing zu Hilfe, der sich mit seinen Brüdern neuerdings erhoben hatte. Mehrere Burgen derselben, namentlich Güns und Symegh wurden mit Unterstützung der österreichischen Truppen eingenommen.[1]

Unter denen, welche im Bunde mit den drei Güssingern sich besonders gegen Kirchen und deren Besitzungen Gewaltthaten erlaubten, wird auch Matthäus Csaky, der Sohn des früheren Palatins Peter genannt, der zuerst im Jahre 1294 die Würde eines Oberststallmeisters (magister agasonum) und Grafen von Pressburg bekleidet hatte.[2] Der Papst Bonifaz VIII. befahl daher auf die Klage des Abtes von St. Martinsberg am 1. Juli 1297 dem Erzbischofe von Gran, dieselben, wenn sie nicht binnen einer bestimmten Frist die occupirten Güter herausgäben und Genugthuung leisteten, mit dem Banne zu belegen.[3] Auch der König nennt den Matthäus und seinen Bruder Csak unter denen, mit welchen er ein Zerwürfniss gehabt

---

citra-Danubialium parcium usque mare (oder maritima). Mon. Hung. Dipl. 18, 183—187. 213. 375.

[1] Cont. Vindob. p. 719, wornach der Hilfszug nach der Aufhebung der Belagerung von Rastadt, also frühestens im August 1296 stattfand und dem Iwan drei Burgen weggenommen wurden. K. Andreas belohnt Verdienste verschiedener Grossen in expugnacione *castri Kwzeg* (Güns), quod per magistrum Johannem filium Henrici bani, tunc nostrum et regni nostri infidelem, detinebatur (Mon. Hung. Dipl. 10, 205), und cum annotato exercitu nostro ad coercendum malitiam Joannis, filii Henrici, infidelis nostri ivissemus sub *castro Kőzeg* (Fejér VI, 2, 263), dann in expugnacione *castri* Johannis, filii Henrici bani, *Kozik* vocati (Mon. Hung. Dipl. 18, 252), weiter cum contra filios Henrici bani infideles nostros et regni nostri exercitum duxissemus et *castrum Simegiense*, quod contra nostram detinebant maiestatem, fecissemus preliari (ibid. 18, 369). Andreas urkundet *sub castro Kwzegh* am 6. October 1296 (Mon. Hung. Dipl. 10, 150) und sagt in Urkunde vom 26. October 1296 ap. Fejér VI, 2, 26: quum contra Joannem, filium Henrici bani, ... cum valido exercitu accessissemus.

[2] Mon. Hung. Dipl. 18, 150.

[3] Fejér VI, 2, 62, besser Mon. Hung. Dipl. 18, 273. Die Klage hatte gelautet, quod nobiles viri Johannes, Nicolaus et Henricus, filii quondam Henrici bani, Erricus cognatus eorundem nobilium ... Mattheus Petri palatini ... et nonnulli alii nobiles, comites, barones, milites Strigoniensis, Jauriensis et Vesprimiensis civitatum et diocesum in ipsos et dictum monasterium

hatte.¹ Es ist daher sehr auffallend, dass wir gerade Matthäus im Sommer 1297 als Palatin finden.²

Es scheint doch, dass Andreas III. nicht die Kraft oder die Befähigung hatte, dauernd die Ruhe in Ungarn herzustellen. Selbst seine ergebensten Anhänger klagten, dass wegen der Zaghaftigkeit des Königs die bei der Krönung desselben gegebenen Gesetze gänzlich bei Seite gesetzt und Ungarn in allen seinen Theilen ins Wanken gekommen und in Folge der Ausschreitungen der Barone und anderer Mächtigen zu Grunde gerichtet worden sei.³ Dem Rathe seiner Getreuen Folge leistend, berief Andreas auf den Anfang des August 1298 eine allgemeine Reichsversammlung nach Pest, wo die Bischöfe und die adeligen Ungarn, Szekler, Sachsen und Cumanen mit Ausschluss aller weltlichen Würdenträger eine Reihe von Beschlüssen fassten, welche die Hebung der Macht des Königthums und die Befestigung der Stellung seines gegenwärtigen Vertreters zum Ziele hatten und daher auch vom Könige genehmigt wurden.⁴ ‚Damit wir den aus dem königlichen Geschlechte stammenden Andreas als den natürlichen Herrn des Reiches verehren und in der Person desselben die königliche Würde den nothwendigen Glanz erhalte', sollen alle Rechte und Güter des Königs und der Königin, die durch irgend Jemanden ungerechtfertigter Weise in Besitz genommen sind, zurückgestellt werden. Dasselbe soll der Fall sein mit den Rechten und Besitzungen der Kirchen und Edelleute. Alle Burgen, die in letzter Zeit ohne Erlaubniss des Königs erbaut wurden, sollten unverzüglich zerstört werden. Mit Bann und Interdict einerseits, mit Einziehung der Güter andererseits sollte gegen die Grossen vorgegangen werden, welche den

---

hostili sevicia insurgentes eos variis lacessitos iniuriis et iacturis oppressos ab ipsis decimis, grangiis, castris, villis etc. spoliare etc. presumpserunt.

[1] Fejér VI, 2, 82.
[2] Mon. Hung. Dipl. 22, 639. 640 in Urkunden vom Juni und August, in Urkunden des Königs ohne Tag Fejér VI, 2, 82. Am 20. October 1297 urkundet als Palatin wieder Omodeus (Cod. d. patr. 7, 262), der diese Würde schon früher mehrmals bekleidet hatte.
[3] Einleitung zu den Constitutiones per praelatos et nobiles regni Hungariae a. 1298 facte ap. Endlicher, Mon. Arpad. p. 630—639.
[4] Die in voriger Note erwähnten Constitutiones.

erwähnten Beschlüssen sich widersetzten oder sich fortan noch Räubereien zu Schulden kommen liessen. Wollte man durch diese scharfen Gesetze dem Treiben der übermüthigen Magnaten Einhalt thun, so beabsichtigte man andererseits auch eine Willkürherrschaft des Königs unmöglich zu machen. Es wurde bestimmt, dass dieser abwechselnd von drei zu drei Monaten zwei Bischöfe, je einen aus der Graner und Colocsaer Erzdiöcese und eben so viele aus den von der Reichsversammlung gewählten Adeligen zur Seite haben sollte, ohne deren Rath er keine Schenkungen machen, keine höheren Aemter verleihen und keine wichtigere Angelegenheit entscheiden sollte.

Allein nicht alle Grossen dachten so patriotisch wie die Mehrzahl des hohen Clerus und der Edelleute, und ihre Gewaltthaten und ihr verrätherisches Treiben erhielten einen moralischen Rückhalt an den Anjous, welche ihre Ansprüche auf Ungarn aufrechthielten, und an den Päpsten, welche dieselben begünstigten. Denn sowohl Cölestin V., der nach einer mehr als zweijährigen Sedisvacanz am 5. Juli 1294 auf den päpstlichen Stuhl erhoben wurde, als auch Bonifaz VIII., der nach einem halben Jahre ihm folgte, erkannten die weiblichen Nachkommen Stefans V. als legitime Herrscher von Ungarn an.

Bonifaz begann mit feiner Berechnung die Stellung des Andreas in ihren Grundvesten zu untergraben, indem er mit Nichtbeachtung des von den Päpsten freilich wiederholt verletzten Rechtes des ungarischen Königs, die Bischöfe selbst zu ernennen, die erledigten Stühle mit Anhängern der Anjous besetzte. So ernannte er im Mai 1297 den Caplan der Königin Maria von Neapel zum Erzbischofe von Spalato. Bald darauf übersetzte er den Erzbischof von Zara nach Trani in Italien und gab ihm einen italienischen Minoriten zum Nachfolger. In Sebenigo errichtete er auf Bitten der Gemahlin des Königs von Sicilien, Maria, ‚Königin von Ungarn', im Jahre 1298 ein eigenes Bisthum.[1] Von besonderer Wichtigkeit war es, dass es ihm gelang, den neuen Primas von Ungarn auf seine Seite zu ziehen. Es war dies Gregor Bodod, ein vornehmer Ungar, der, nachdem er Domherr in Gran gewesen war, 1297 die Probstei

---

[1] Theiner, Mon. Slav. merid. 1, 113 f. Mon. Hung. Dipl. 1, 381.

Stuhlweissenburg erhalten und einige Zeit die Würde eines Hof-Vicekanzlers bekleidet hatte, Anfangs 1298 aber nach dem Ableben des Erzbischofs Lodomer von Gran von einem Theile des Capitels zu dessen Nachfolger ernannt worden war.[1] Bonifaz VIII. wusste mit grosser Gewandtheit den ehrgeizigen Mann seinem Willen dienstbar zu machen, indem er, als ein Theil des Graner Domcapitels gegen seine Wahl an den päpstlichen Stuhl appellirte, eine definitive Entscheidung hinausschob und Gregor nicht als Erzbischof anerkannte, aber ihm am 28. Januar 1299 auf Widerruf die Verwaltung des Erzbisthums Gran und der Probstei Stuhlweissenburg übertrug, so dass er ein gefügiges Werkzeug in den Händen der Curie abgeben musste. Zugleich verlieh er ihm so ausgedehnte Vollmachten,[2] dass er sich als päpstlicher Nuntius betrachten konnte.[3]

Was der Papst von dem Verweser des Graner Erzbisthums erwartete, konnte dieser schon aus der dunklen Schilderung der gegenwärtigen Zustände Ungarns, besonders aber aus einem sehr bezeichnenden Auftrage entnehmen, den er ihm gleich darauf ertheilte. Der Weisung des Papstes vom Juni 1297 entsprechend, hatte der verstorbene Erzbischof Lodomer mit den Bischöfen von Raab und Veszprim und anderen Suffraganen über die Güssinger und deren Freunde den Bann ausgesprochen. Iwan aber hatte sich an den Papst gewendet und hatte die Sache so dargestellt, als hätte ihn und seine Genossen diese Strafe getroffen, weil er einst dem Bischofe Johann von Osimo als päpstlichem Nuntius das Versprechen geleistet habe, der römischen Kirche treu und ergeben zu sein

---

[1] Als Vicekanzler erscheint Gregor vom 26. October 1297 bis zum 17. Februar 1298 (Fejér VI, 2, 68. 84. 122) und zwar Anfangs als Albensis ecclesiae electus oder electus in Albensis ecclesiae nostre prepositum (Mon. Hung. Dipl. 18, 262), in der Urkunde vom 17. Februar 1298 als Strigoniensis ecclesie electus. Gregorius dictus Bodod nennt ihn Papst Benedict XI. ap. Theiner, Vet. Mon. Hung. 1, 406, der auch erwähnt, dass er in Gran Domherr gewesen und vom Capitel, aber unter Protest eines Theiles desselben, zum Erzbischof gewählt worden sei. Generis nobilitate preclarus, potens in cousanguineis et amicis, heisst er in Bulle Bonifaz VIII. ap. Theiner 1, 383.

[2] Theiner 1, 382 ff.

[3] Als nuncius sedis apostolicae proclamirt er sich selbst. Fejér VI, 2, 203.

und Keinem als König von Ungarn zu gehorchen, der nicht vom päpstlichen Stuhle dazu bestimmt oder bestätigt wäre, und weil er nun dem Andreas, ‚der König von Ungarn heisst', Gehorsam und Ehrerbietung verweigert habe. Und Bonifaz VIII., der sich sonst gewiss nicht durch übergrosse Einfalt auszeichnete, nahm diese Darstellung ohne weiteres als wahr an, vergass ganz, dass er selbst vor zwei Jahren dem Graner Erzbischofe den Auftrag gegeben hatte, die Güssinger und ihre Genossen wegen ihrer Bedrückung der Kirchen und Klöster zu excommuniciren, und befahl am 13. März 1299 dem neuen Verweser des Erzbisthums, dieselben zu absolviren.[1]

Gregor begann auch gleich seine Umtriebe. Als sich die geistlichen und weltlichen Grossen und die Adeligen Ungarns im Mai 1299 auf dem Felde Rakos bei Pest zu einem allgemeinen Reichstage versammelten, weigerte er sich nicht blos dabei zu erscheinen, sondern befahl den Geistlichen unter Androhung des Bannes und des Verlustes ihrer Besitzungen, die Reichsversammlung zu verlassen und sich zu ihm nach Veszprim zu begeben, wo er umgeben von den Feinden des Königs seinen Sitz aufgeschlagen hatte. Da die Bischöfe dies unterliessen, sprach er über einzelne Diöcesen das Interdict aus. Dagegen legten der König und der Reichstag Berufung an den päpstlichen Stuhl ein, und Gregor sah sich genöthigt, Ungarn zu verlassen und sich nach Croatien zurückzuziehen.[2]

In den croatisch-dalmatinischen Gebieten hatte die Ernennung italienischer Bischöfe ihre Wirkung gethan und die anjouanische Partei festen Boden gewonnen. Da auch die Grafen von Brebir, welche das Banat über das dortige Küstenland in ihren Händen hatten, die Grafen von Babanich, Neffen des früheren Bans Ladislaus, und andere Grosse neuerdings sich den Anjous anschlossen, konnten die Provinzen südlich von der Drau für Andreas grösstentheils für verloren gelten.[3]

---

[1] Theiner 1, 385.

[2] Nach der Appellation im Namen des Reichstages bei Fejér VI, 2, 201 und der des Bischofs von Siebenbürgen ibid. VII, 4, 252 und UB. von Siebenbürgen S. 213.

[3] Vergleiche mit Lucius ap. Schwandtner 3, 325 ff. und Fr. Bradaška, Der Kampf des letzten Arpaden Andreas III. um seine Herrschaft, namentlich mit dem Hause Anjou, unter besonderer Berücksichtigung Croatiens, Slavoniens, Dalmatiens (Programm des k. k. Gymnasiums zu Agram 1858), auch die Acten in Mon. Hung. Acta extera 1, 333 ff.

Anfangs 1300 reiste Gregor von Brebir, Sohn des Bans Paul, nach Neapel[1] und führte den Prätendenten Karl Robert, den Sohn des verstorbenen Karl Martell, im August nach Spalato. Nachdem dieser sich hier fast zwei Monate aufgehalten hatte, begab er sich unter dem Schutze des Bans Paul nach Agram, wo er von seinen ungarischen Anhängern, dem Administrator von Gran, Ugrinus, Sohne des Pous aus dem Geschlechte der Csak, und Anderen empfangen wurde.[2] Auch die Güssinger und Matthäus Csaky mit seinem Bruder Csak hatten sich wieder auf die Seite des Prätendenten geschlagen.[3]

Allein Andreas verzagte nicht. Gerade um diese Zeit hatte sich seine Lage wieder verbessert, indem im Herbste 1300 die Güssinger und Matthäus Csaky, die er durch seine Getreuen energisch hatte bekämpfen lassen,[4] mit anderen Baronen sich dem Könige unterwarfen und an seinem Hofe einfanden. Auch alle ungarischen Bischöfe mit Ausnahme des Graners standen noch dem Könige treu zur Seite. Zugleich versprach ihm sein Schwiegervater, der deutsche König Albrecht, im nächsten Sommer mit Heeresmacht nach Ungarn zu ziehen und alle Aufrührer mit Güte oder Gewalt zum Gehorsam zurückzuführen. Selbst am päpstlichen Hofe, auf den Andreas mit Geld einzuwirken suchte, soll man jetzt erklärt haben, dass der junge Anjou sich gegen den Rath des Papstes und der Cardinäle in das ungarische Unternehmen gestürzt habe.[5]

---

[1] Fejér VI, 2, 273; VII, 4, 260.

[2] Micha Madius de Spalato c. 3 ap. Schwandtner 3, 638.

[3] Von den Güssingern sagt dies Marci Chron. p. 106 = Chron. Bud. p. 216 = Thurocz ap. Schwandtner 1, 154 und das Chron. Poson. ed. Toldy p. 41, welches ausserdem den magister Laurencius dictus Chete cum filio suo magistro Zleukus (Leukus) unter denen nennt, die Karl Robert berufen hatten. Dass Matthäus Csaky schon im August 1299 wieder zu den Feinden des Königs gehörte, ergibt sich aus der Urkunde ap. Fejér VI, 2, 187.

[4] Urkunden des K. Andreas über Schenkung von Gütern, welche den Csaky und deren Dienern weggenommen worden waren, vom Jahre 1300 im Cod. d. patr. 6, 461—463.

[5] Nach den interessanten, aber vielleicht etwas optimistisch gefärbten Berichten des Trevisaners Petrus de Bonzano, den der ungarische König nach Rom geschickt hatte, in Mon. Hung. Dipl. 10, 260—264 und Mon. spect. hist. Slav. merid. 3, 433—435.

Ehe es aber noch zum Kampfe mit Karl Robert kam, starb Andreas III., wie es scheint plötzlich, am 14. Januar 1301[1] und mit ihm erlosch der Mannsstamm der Arpaden.

[1] Den Todestag gibt die ungarische Chronik (Marci Chron. etc. l. c.), was durch eine Urkunde seiner Witwe Agnes von 1314 in F. Rer. Austriac. Dipl. 6, 257 bestätigt wird. Noch in octavis Epiphaniarum domini a. 1301 stellt Andreas eine Urkunde aus. Mon. Hung. Dipl. 10, 267. Aber dass er vergiftet worden sei, meldet von den gleichzeitigen Schriftstellern keiner als der steirische Reimchronist, bei dem dies die gewöhnliche Todesart der fürstlichen Personen ist.